カウンセラーはこんなセルフケアをやってきた

My Self Care Work

伊藤絵美

晶文社

イラストレーション
細川貂々

ブックデザイン
Albireo

はじめに

こんにちは。伊藤絵美と申します。私は公認心理師および臨床心理士という資格で専門職に就いていますが、そんなたいそうな話ではなく、平たくいえば「心理カウンセラー」(以降、「カウンセラー」)として「心理カウンセリング」(以降、「カウンセリング」)の仕事を長年行っています。最初は精神科のクリニックで、次に民間企業や大学の学生相談室で、そして2004年に東京の大田区に「洗足ストレスコーピング・サポートオフィス」という民間カウンセリング機関を開設し、かれこれ18年ほど、当機関の所長として、複数のカウンセラーを雇って運営しつつ、私自身も来所するクライアントを対象にカウンセリングの仕事をずっとしてきております。カウンセラー歴は合計すれば30年を超えています。

こうやって振り返ってみると、ずいぶん長く、この仕事を続けてきたものです。とてもありがたいと感じます。この間、本当に多くのクライアントに出会ってきました。

ところで、ご存知の方もおいでかと思いますが、ひとくちに「カウンセリング」といっても、そこには様々な「流派」があります。それはたとえば、「精神分析」とか「パーソンセンタードアプローチ（ＰＣＡ）」とか「ゲシュタルト療法」とか「ユング派心理療法」などです。それらを部分的に組み合わせたり統合したりした「折衷的心理療法」とか「統合的心理療法」といったものもあります。カウンセリング業界は、ちょっとしたマニアックな世界でもあるのです。私は、といえば、「認知行動療法」と「スキーマ療法」という２つのアプローチを専門としています。認知行動療法には１９９０年頃に、スキーマ療法にはそれより遅れて２０００年代前半に出会い、「これを自分の専門領域としよう」と心に決め、学び、実践してきました。

このようにカウンセラーには、それぞれ専門とするアプローチがあります。現在、カウンセリングを受けていて興味をもたれた方は、担当カウンセラーに専門領域を尋ねてみてもよいでしょう。まともなカウンセラーであれば、喜んで、具体的に説明してくれることでしょう（もちろん、すでに説明を受けている方もおられるかもしれません。私の専門とする認知行動療法やスキーマ療法は、開始当初からめちゃくちゃ具体的にそれらについて説明するものです）。

目の前のクライアントが回復するために、できる限りのことをしたい。それがカウンセラーとしての私のモチベーションの源泉でした。そのために私なりに頑張って認知行動療法（それにしても漢字6文字の小難しい名前の療法ですね！）もスキーマ療法（〝スキーマ〟って何？」という方はぜひ本文をお読みください）も学び、それらの理論やモデルや技法に基づくカウンセリングを行ってまいりました。もちろん私は万能なカウンセラーではありませんので、力不足だったりミスをしたりするときもあります。認知行動療法もスキーマ療法も魔法のようなアプローチではありませんから、いつも完璧で素晴らしい結果をもたらすわけでもありません。それでも、これだけ長い間カウンセラーとして仕事をしていると、多くのクライアントが回復していく過程に同行させてもらうことになります。

人は様々な生きづらさを抱えていますし、そもそもこの社会は生きやすい場所ではありません。何らかのトラウマや心の傷を抱えながら生き延びている「サバイバー」も大勢おられます。でも一方、人には回復する力が備わっていて、生き延びてさえいれば、その回復力が発揮され、少しでも生きやすい環境につながり、他者のケアを受けながら、そして同時に自分で自分をケアしながら生きていけるようにもなります。この仕事をしていると、人が生き延びて、回復する力とはなんて尊いものなんだろうと、しみじみと実感する瞬間に何度も立ち会わせてもらえます。

とはいえ、そのような回復力はおそらく普遍的なもので、カウンセリングを受けても受けなくても、それは発揮されるものでしょう。私の若い頃に比べれば、日本でも「カウンセリング文化」は根づいてきているとは思いますが、今の日本で、専門的なカウンセリングを受けている人の数や割合は、さほど多くはないと思います。カウンセラーの数が足りていない、という問題もあるでしょうし、カウンセリングに対する偏見もあるでしょう。残念ながら倫理的に、あるいは技術的に問題のあるカウンセラーだっているでしょう。料金や時間の問題で、カウンセリングを受けたくても受けられない人も少なくないことでしょう。私が長年抱いていた問題意識の1つは、「カウンセリングを受けなくても、カウンセリングを通じて発揮される回復力を、どうにかして発揮できないだろうか」というものでした。

多くの流派があるとはいえ、カウンセリングとは根本的に「人と人との出会い」「人と人との対話」です。つまりカウンセリングを受けなくても、それに相当する良質な「出会い」や「対話」があれば、カウンセリングを受けるのと同様の回復が実現することは、容易に想像できますし、そうやって回復していっている人は、カウンセリングによって回復した人に比べて、はるかに多いかもしれません。問題はそういう出会いや対話に「今、恵まれていない」という人です。そういう人にとって助けになることが何かできないだろうか、とずっと考えていたのです。

その問いに対する回答として書いたのが、『自分でできるスキーマ療法ワークブック』(Book 1 & 2の2冊セット。2015年、星和書店)、『セルフケアの道具箱』(2020年、晶文社)という本でした。専門家向けの書籍を書いたり翻訳したりすることが多かった私にとって、これら3冊の本の執筆は大きなチャレンジでした。読者は、「私がまだ出会っていないクライアント」であると考えることにしました。「カウンセリングという場」では出会っていないけれども、これらの本を読むことを通じて、私というカウンセラーに出会っていただき、本を読んだり、本に書いてあるワークに取り組んだりすることで、カウンセリングを受けるのと同様の効果を得て欲しいと願いながら書きました。その願いがどれだけ実現しているかはわかりませんが、専門家ではなく一般の方々にカウンセリングのエッセンスを届けたい、という私の願いは一応書籍という形となったため、「やるだけのことはやった」と私は考え、専門家向けの論文や書籍の執筆と翻訳作業(これらは職人仕事のようなものです！）に再び戻っていきました。

そんななかで、2021年の初夏、『セルフケアの道具箱』の執筆と出版でお世話になった晶文社の編集者である安藤聡さんよりメールをいただき、『セルフケアの道具箱』を実践する前段階の本を、私（伊藤）の実体験に基づくエッセイとして書かないか、とのお誘いをいただきました。私（伊藤）の個人的なエピソードを書くことで、『セルフケアの道具箱』のワークに取り組もうか門前で迷っている読者の背中を押すことができるのではないか、ということでした。

私は即座に断りました（笑）。というのも、私が読者に届けたいのは、私（伊藤）という個人の体験ではなく、「カウンセリングを通じた回復の有り様の実現の仕方」という普遍的なものだったからです。そして力不足とはいえ、それについては右記の3冊の本によって「やりきった」と思っていたからです。同時に、「世の中の人は、こんな私のことなんかに興味関心などないだろう」とも考えました。私自身の体験なんて、クライアントたちが出会う現実に比べたら（本当はそうやって比べるものではないのですが）、ごくごく普通でちっぽけなものだし、エッセイにしてわざわざ書くほどのものではないと思ったのです。

ではなぜ、私は今、そのような考えを変えて、このエッセイ本の「はじめに」を書いているのでしょうか。

それは、私が実は普段のカウンセリングにおいて、クライアントに対して「自己開示（自分自身について語ること）」を実践していることに気がついたからです。右に書いた通り、カウンセリングには様々な流派がありますが、私が実践する認知行動療法やスキーマ療法では、カウンセラーが比較的自己開示を行うことが知られています。それはもちろん、クライアントに自分の話を聞いてもらうということではなく、カウンセラーがあえて自己開示することがカウンセリングの効果を高めるのではないか、という仮説に基づくものです。

安藤さんからいただいたエッセイ執筆のお誘いのメールは、「私の話なんか誰も興味ない」とお断りした後も私の心にひっかかっており、ときどき読み返していました。そしてあるとき、日々のカウンセリングでは、もちろん戦略的にではありますが、自分の話をあえてすることが頻繁にあるではないか！　と気がついてしまったのです。それはたとえば、カウンセリングで一緒に取り組んでいるマインドフルネスの呼吸エクササイズを、私自身がどう日常生活に取り入れているか、ということだったり、自分を生きづらくさせるスキーマについて、私個人が有しているスキーマにはどういうものがあるか、といったことだったりします。スキーマ療法では、過去のトラウマや今抱えている生きづらさ、その人の人生そのものについて語り合うことが多く、そういうとき、「先生（伊藤）のトラウマや生きづらさや人生についても知りたい」と思うクライアントが少なくないようで、問われれば、率直にお伝えするようにしています。そのような私自身の自己開示によって、クライアントとの相互理解が進んだり、クライアント自身の自己理解が深まったりすることが少なくありません。となると、読者が「まだ出会わぬクライアント」だとしたら、それらの方々に、私自身の実践や体験についてお伝えすることに、なにがしかの意味があるのではないか、と思うようになったのでした。

以上が、本書執筆の流れと動機です。これまで私は本を書く場合、予め構成をがっちりと決めて、それに沿って文章を書くということをしてきましたが、本書の場合、あえてそういうことはせず、思いついたまま、書き綴ってみようと思っています。せっかくなので、これまでとは異なる執筆形式にチャレンジしてみたい、という気持ちからです。今、すなわちこの「まえがき」を書いている2022年8月2日現在、本書の本文は1文字も書いていていませんし、一切の構成も案出しておりません。まさに「手ぶら」という感じです。今回は、手ぶらで、お散歩するように、そのネタが読者の方々のセルフケア実践のヒントとなりそうな自分の体験を思いついたら、気ままに書いてみようと思っています。読者の皆様には、ぜひ気軽に、私のお散歩にご一緒いただくような気持ちで、本書をお読みいただければと思います。そして本書（私のささやかな自己開示）が皆様のセルフケアに少しでも役立つのであれば、とてもとても嬉しいです。

2022年8月2日
自宅近くのカフェにて

伊藤絵美

Contents

第2章 困ったときのマインドフルネス

第3章　いまもこうして生きてます

第1章

こうして
カウンセラーに
なりました

「どうしてカウンセラーになったのか」の話　その1

「どうしてカウンセラーになったのですか?」「なぜカウンセラーという仕事を選んだのですか?」という問いは、クライアントからよく訊かれる質問のベスト3に入るかもしれません。その都度、そのときに思い浮かんだことを中心にお答えしていますが（実際には様々な理由があるので、その時々で答える内容が違ったりする）、よい機会なので、ここでまとめて考えておきたいと思います。

大学で学んだ心理学を活かせる仕事だと思ったから

私は大学の文学部に入学し、2年生に上がるときに心理学を専攻しました。1年生のときに一般教養で受講した心理学の授業がとても面白かったからです。その心理学とは「知覚心理学」とか「認知心理学」と呼ばれる領域で、簡単にいえば、人がこの世界を、自分自身を、他者をどのように「知覚」し、「認知」しているのかを実験や調査で科学的に解明することを目指す心理学でした。それらの講義によって、人間は（というより生物は）、世界を客観的かつありのままに認識しているのではなく、私たちのもつ知覚や認知のシステムが世界から受け取る情報を独自に処理し、解釈していることを知りました。

1つ例を挙げると、私が小学校の頃に流行っていた漫画のストーリーの1つに、「生まれつき目の見えない美少女が、手術によって開眼し、鏡を見て自分がいかに美しいかを知って驚く」というものがありました。手術を終えて、包帯で目と頭がグルグル巻きにされた少女が、鏡の前で包帯を取って、鏡に映った世にも美しい自分の姿を見て、驚き、幸せを感じるというストーリーです（そしてお決まりのように超美男子の王子様に見初められ、結婚し、幸せになるという結末。今思えば、ルッキズムが過ぎますし、あまりにも陳腐なストーリーですね）。そういう漫画を子どもだった頃の私は楽しく読んでいたのですが、知覚心理学の授業を通じて、生まれつき目の見えない人が手術等で見えるようになったからといって、私たちが得ている視覚と同等の視覚をいきなり獲得することはなく、手術後もまずはぼんやりとしか見えず、その後の生活体験を積み重ねることを通じて、徐々に私たちと同じような視覚を得ていくのだ、ということを知りました。少女漫画は嘘だったたのです！　世界が私たちにその姿を客観的に見せてくれるのではなく、私たちの知覚や認知のシステムが、自分を取り巻く世界の姿を主体的につかみ取っていくのだ、と私は理解しました。そしてそれはとても面白く、興味深い現象だと思いました。そこでさらに学びを深めるべく、心理学を専攻することにしました。

案の定、2年生になってから受講した心理学の授業はどれもとても面白く、興味をもって学びました。具体的には「知覚心理学」「認知心理学」「行動心理学」「比較動物心理学」「発達心理学」「学習心理学」といった授業です。「心理学」といえば世間でイメージされがちな「フロイトの精神分析学」とか「ユング心理学」とか、あるいはカウンセリングに直接かかわる「臨床心理学」などは、私が受けた授業には入っていませんでした。そういう大学だったのです。

そうそう、私が入った大学の文学部は、1年生の後期に、学生が学科や専攻を決めるシステムで、学生は興味をもった専攻の説明会に参加することになっており、私は「心理学専攻」の説明会に参加しました。その際、冒頭でいわれたことが強烈で、今でも忘れられません。その先生はこういいました。「ユングとかフロイトとかに興味のある人は、絶対にここの心理学を専攻しないでください。ここは科学的な心理学を追究するところですから」。

そういうわけで、世間の心理学のイメージとは異なり、私たち心理学専攻の学生たちは、徹底的に科学的な心理学のトレーニングを受けました。統計の勉強をし、毎週夜遅くまで実験をしてレポートを提出するようなハードな生活でした。最初の授業は、実験で用いるハトの持ち方の練習で、上手にハトを扱えるようになるまで家に帰してもらえませんでした（ちなみに私はインコや文鳥を何羽も飼った経験から、ハトの扱いにはさほど苦労はしませんでしたが、鳥に慣れていない学生は、最初、生きて動くハトがかなり怖かったようで、なかなか家に帰れない人もいました）。

3年からはゼミに入るのですが、私は迷わず認知心理学のゼミを選びました。指導教官は小《こ》谷《や》津《つ》孝明《たかあき》先生という記憶研究の第一人者でした。小谷津先生は私にとっては恩師中の恩師で、本書でも別に先生の話をしてみたいと思いますが、とにかくゼミの勉強は楽しく、人間の認知に対する興味や知識がさらに深まりました。そして大学で学んだ心理学、特に認知心理学を職業にしたいと考えるようになりました。そのとき、小谷津先生に教えてもらったのが、当時できてまだ1、2年しか経っていなかった「臨床心理士」という資格であり職業でした。私は手に職を得て、一生仕事をしたいと考えていたので、心理学をベースにした資格がある、というのは朗報でした。後で述べますが、心理学の勉強とは別に、映画の世界を通じて、「セラピスト」「心理カウンセラー」という仕事があることを知り、それに興味をもってもいたのですが、「臨床心理士」は学んだ心理学を活かすことのできる資格であり、興味のあったセラピストや心理カウンセラーの仕事ができる資格でもあり、生涯にわたって働くために有利な資格でもありました。「だったら大学院に行って、臨床心理士の資格を取って、セラピスト（カウンセラー）として働こう」と思い、実際にそのようにしたのでした。

映画を通じて「セラピスト」「カウンセラー」という仕事に興味をもったから

右記のように、確かに私は一般教養で受講した心理学の授業に興味をもって、心理学を専攻することになったのですが、実は大学に入った頃は、将来の希望を見失っており、「これからどうやって生きていこうか」と迷いに迷っていた時期でもありました。というのも、私が目指していたのは、文学部ではなく、音楽大学だったからです。

第1章

こうしてカウンセラーになりました

私は小さい頃、団地に住んでおり、その団地の集会所でピアノを教えてくれる先生がいて、ピアノを習い始めました。私の育った家は決して裕福ではなかったのですが、その先生は安価で個人レッスンをしてくださり、引っ越して一軒家に住むようになってからも、電車に乗って集会所にレッスンを受けに通っていました。私は音楽が大好きで、小学校でも器楽クラブに入り（パーカッションを担当）、中学でも高校でも吹奏楽部に入り（やはりパーカッションを担当）、音楽漬けの毎日でした。私のピアノの先生（千葉先生といいます）は、そんな私の音楽好きを見込んで、「音楽大学に行かないか。君は手が小さいのでピアノ科は難しい。だから楽理（音楽理論）を学ばないか」と勧めてくれました。私はその勧めに嬉々として乗りました。というのも、高校時代の私の学科の成績は悲惨で、普通の大学には到底入れそうになかったし、音大に入って音楽の勉強をするのはとても楽しそうだったからです。普通、音楽大学に入るには、様々な音楽のレッスン（ピアノなど楽器の演奏、和声、聴音、作曲など）を受けなければなりません。それにはかなりのお金がかかります。しかし私の実家が裕福でないことを知っていた千葉先生は、特別安価にそれらのレッスンを全て自ら授けてくれるというのです。どうやら、先生には教え子を音楽大学に入れて、音楽家にしたいという望みがあり、私がその候補になったようなのでした。

ところが親（特に母親）はその勧めに大反対。今思えば、高校で勉強ができなくなっていた私が、勉強をしたくないがゆえに音大に流れそうになっているのが、バレバレだったのでしょうが、それだけではなく、経済的な問題（私立の音大は学費が高い）や、私の将来のキャリアの問題（母は私が手に職をもって「キャリアウーマン」になることを望んでいました。確かに音楽で食べていくのは大変そうです）などを理由に、音大を目指すことを大反対されてしまったのです。結局、千葉先生と母と私で話し合い、「1回だけ受験を許す。しかしそれは国立の東京藝術大学（通称「藝大」）だけ」という約束になりました。そういうわけで、千葉先生は私が藝大の音楽学部の楽理科に合格するべく、毎週熱心にレッスンをしてくださいました。私も頑張ってそれについていこうとはしていましたが、内心は「このレベルじゃ藝大は無理だろうな」と半ばあきらめていました。そして案の定、藝大受験は失敗し（二次試験で落ちてしまいました）、音楽への道は閉ざされてしまいました。そしてその後、心を入れ替えて猛勉強して受かった普通の大学の普通の文学部に進むことになったのでした。

そんなわけで、母親にキャリアウーマンを目指すよういわれながらも（私自身も、「キャリアウーマン」はともかく、ずっと働き続けたいと思っていました）、ずっと目指していた音楽の道が消えてしまった私は、「あれ？ じゃあ、私は今後どうすればいいんだろう？」と困ってしまっていました。まあ、そんなに深く考えず、せっかく入った大学で適当に学び、4年生で就職活動をして入れる会社に入ればよい、とイメージすればよかったのかもしれませんが、私には音楽の代わりに何か目指すものが欲しかったのです。

目標を失ったまま、とりあえず大学に入った私は、糸の切れた凧のようでした。今思えば、ちょっとうつ気味だったのかもしれません。とりあえず一般教養で様々な授業を取り、テニスサークルに入り、バイトをして大学生っぽい生活を送っていましたが、音楽という目標を失い、代わりとなる目標も見つけられず、ボーっとしていました。「困ったな。私は何をすればいいのだろう」とずっと迷っていました。

そこで始めたのが大学の図書館での映画鑑賞でした。当時、図書館のブースを借りて、そこで映画のビデオを好きなだけ観ることができました。大学の図書館ですので、お金はまったくかかりませんでした。私は、ぽっかり空いた心の隙間を埋めようとするかのように、時間があれば（というより授業をさぼって）図書館に足を運び、海外（特に欧米）の映画を観まくりました。タイトルはもう覚えていませんが、それらの映画には、やたらと「セラピスト」とか「心理カウンセラー」といった職業の人たちが登場し、活躍していました。その頃、映画にセラピストを登場させるのが、流行っていたのかもしれません。片っ端から映画を観ているうちに、「あれ、またセラピストが登場してきた！」「あ、この映画でも心理カウンセラーが重要な役割を担っているんだ！」という感じで、とても知的かつ専門的な職業としての「セラピスト」「心理カウンセラー」に出会ったのです。そして、「もしかしたらこういう職業に就いてみるのもいいかもしれない」と思うようになりました。

ここまで書いたように、同時に一般教養でたまたま受講した心理学が面白かったこと、心理学専攻に進んで専門的に勉強したらもっと面白かったこと、そして小谷津孝明先生によって「臨床心理士」という資格ができたのを知ったこと、それが映画を観まくっていたときに知った「セラピスト」「心理カウンセラー」と同じような仕事であること、そんな流れに導かれて私はカウンセラーの仕事を目指すことにしたのでした。でも、カウンセラーになった理由はそれだけではありません。それを次に書いてみることにしましょう。

「どうしてカウンセラーになったのか」の話 その2

「女性」という性別が不利にならない仕事

私の母親は家の事情で学歴が低く、それをずっとコンプレックスに思いながら、20歳で父と結婚し、24歳で長女の私を出産しました。その後、2人の女児をさらに出産し、専業主婦として3人の娘の母親として生きました。それは母親にとって不本意な人生だったようで、娘たち、特に長女の私に対しては、幼い頃から、「これからは女性が手に職を持って生きていく時代よ。あなたもぜひそうしなさい」というメッセージを浴びせ続けていました。おそらく私の世代では、そういうふうに母親に育てられた女性が大勢いるのではないかと思いますが、私もその1人でした。そのような母親からの「洗脳」もあって、私は小学生のときから、「大きくなったら何か専門的な職業に就いて、一生その仕事を続けるもんだ」とイメージしていました。とはいえ、すでに書いたように、一方で音楽に溺れ、勉強から逃れるために音楽大学を目指したりもしたのですが、たとえ音楽大学に行ったとしても、そこで何か手に職をつけて専門職に就こうとはずっと考えていました。

高校時代の学科の成績は惨憺たるものでしたが、小学生や中学生のとき、私はかなり勉強ができ、トップクラスの成績を収めていました。だから母は余計に期待しちゃったのでしょう。「絵美ちゃんなら、なんでもなれる」「司法試験を受けて弁護士になるのはどうかしら?」などとそそのかされていました。弁護士には心が惹かれませんでしたが(もちろん自分が弁護士に実際になれたかどうかは別として)、自分でも「大人になって素敵な男性と結婚して専業主婦になって子どもを産んで素敵なママになる」というビジョンをもったことは一度もありませんでしたし(そもそも絶対に向いていない。それがわかっていたのだと思います)、何の仕事か具体的にはイメージできていないながらも何らかの専門的な職業に就いて働き続けるつもりでいました。

一方で、この社会が女性にとって不利にできているということは、高校生や大学生のときから知っていました。母親が社会問題に関心のある人なので、そういう話はしょっちゅう耳にしていましたし、新聞やテレビのニュースを注意深く見聞きすれば、知らずにはいられないことだったと思います。私が通っていた県立高校は県内でも有数の進学校で、卒業生の大半が国立大学や有名私立大に進学するような学校でしたが、その男女比は3対1でした。その比率からして、男性が圧倒的に優位で、たとえば生徒会の会長や役員も男性ばかりだし、女性は男性のアシスト的な役割を期待されるようなことも見受けられました。今思えばフェミニズム的な思想がすでに当時の私のなかにあったのでしょう。「この社会はなんかおかしい」「男性のアシストをするような役割は嫌だ」と思うようになっていました。

決定的だったのは大学2年生時に千葉敦子さんの著作に出会ったことでした。フリージャーナリストとして活躍していた彼女は、『ニュー・ウーマン――いい仕事をして豊かに暮らす法』『寄りかかっては生きられない――男と女のパートナーシップ』『アメリカの男と女』といった著作を通して、特に日本社会に男女差別が陰に陽にはびこっていること、男性と女性の対等なパートナーシップを公私にわたって築いていく必要があること、千葉さん自身がそのような生き方を実践していることを、主に日本の若い女性たちに向けて語りかけていました。私は千葉さんの著作を貪り読み、幼い頃から母にいわれてきたことが、具体的な像となってはっきりとイメージできたのです。「私も彼女のような生き方をしたい」と強く思うようになりました。それは、日本の男女差別的な構造のなかで生きないことを意味します。構造のなかにいても外にいても、その構造をひっくり返すための活動をするといったことかもしれません。

さらに「男女雇用機会均等法」という法律が、私が大学1年生のときに施行され、大いに話題になりました。女性が「一般職」だけでなく「総合職」として就職し、お茶くみをせず、男性と伍して、バリバリと働いていくための法律ができたのだ、と当時の私は理解しました。キャリア志向の女性のなかには、この法律の公布と施行によって、「よし、これからは社会に出て、男性と対等に、バリバリと働くぞ!」「大企業に総合職として入って、活躍しよう!」と思った人も少なくなかったと思いますが、なぜか私の思考はそちらのほうには行きませんでした。というより、この法律の存在によって、「一般企業って、男性と女性の働き方がこれまでそんなに違っていたのか!」「女性は会社に入ると、お茶くみという仕事をしなければならないのか!」「一般職と総合職に女性の立場が分かれてしまうこと自体が、なんか妙な感じがするな。そこで対立が生じたりはしないのだろうか?」などと、かえって気づきや疑問が増えてしまいました。実際、法律が施行されると、特に大企業でどのような混乱や齟齬が起きているかがメディアでたびたび報じられ、私はそこから「大企業などビジネスの場は、しょせん男性の社会なんだな。それを突破することは大変なことなんだな」ということを学んでしまいました。もともと「手に職を」といわれ、その気になっていたうえに、このような状況を知ることによって、そもそもあまり興味がなかった会社に就職することへの興味を、完全に失いました。

一方で、大学の図書館で観まくった映画では、多くの女性の「セラピスト」「心理カウンセラー」が活躍していました。完全な専門職で、女性であるがゆえに差別されるようなシーンは一切見られませんでした。肉体労働のように、力の有無が仕事の出来不出来に直結するような仕事でもありません。そもそも「セラピスト」「心理カウンセラー」のもとを訪れるクライアントには、男性も女性もいます。私は「こういう職業が日本にもないものか」と思うようになりました。

それらとつながる職業及び資格として「臨床心理士」というのを知ったときには、「これだ！」と即座に思いました。カウンセラーや臨床心理士であれば、女性に対する差別がないのではないか、女性だからといって男性をアシストさせられることはないのではないか、専門的な職業として自立できるのではないか、と考えたのです。このように、女性であるがゆえに差別されない、女性という性別が不利にならない、という見込みは、私がこの仕事を選ぶにあたって、大きな動機づけとなりました。

では、実際になってみてどうだったでしょうか？　おおむね、私の見込みは当たっていたと思います。女性という性別がカウンセラーとして不利であると感じたことは、全くといっていいほどありません。これは統計を取っていないからわからないのですが、現場の実感や私自身が見聞きしたことに基づくと、女性のクライアントは女性のカウンセラーを望むことが多く、男性のクライアントでも女性のカウンセラーを望むことが少なくない、という印象をもっています（一方で、男女にこだわらないというクライアントも大勢おられますが）。少なくともクライアントの意向として、女性カウンセラーが遠ざけられることはほとんどないといっていいでしょう。

カウンセラーという仕事をしてきて、自分が女性であることを不利に感じたことが全くない、というのは、実に幸せでラッキーなことです。そういう職業に就けて、この年まで続けられてきたこと自体には感謝したいと思います。

とはいえ、長年この領域で仕事をして、いろいろな現象を見聞きしてきました。セクシャルハラスメントやパワーハラスメント。私が見聞きしたのは、多くの加害者が男性で被害者は女性でした。カウンセリングや臨床心理学の世界は、指導的立場に男性が多く、指導を受ける立場に女性が多いという不均衡が長年みられます。そういういびつな状況が大いに関係しているのでしょう。また私が長年いた医療の世界でも、頂点にいるのが男性医師で、それに従属する立場として多くの女性カウンセラーが雇われており、ハーレムのような世界が繰り広げられている職場が少なくありません。関連する学会も、上の立場にいる先生方は男性ばかりで、それを女性スタッフが支えるという構造がみられるところが少なくありません。とある学会の大会で委員を務めたときには、私をその委員に指名したある大学の男性教授が、「1人ぐらい女性の委員がいないとね。花がないからね」と私にニコニコしていいました。たぶん「花」として褒められたのだと思いますが、もちろん私は釈然としません。「未だにそういう扱いなんだな」とがっくりきました。

まあ、これらの問題はカウンセリングや心理学の領域の問題ではなく、広く社会的かつ構造的な問題であると私はとらえています。そういう社会にカウンセリングも心理学もあるのです。ですから、カウンセラーとして女性としての不利を感じずに済んでいるラッキーな私でも、いやそういう私だからこそ、女性差別や男女の不均衡といった問題は、社会や政治の問題として解決していくために動いたり発言したりしなければならないと考えています。まあ、まずは選挙に行きましょう、ということですね。

年齢を重ねることがプラスになるかもしれない職業だと思ったから

最後にちょっとだけ付け足し。カウンセラーという職業を選んだもう1つの理由は、「歳を取ることがマイナスにならない」と思ったからです。これも女性差別と大いに連動する話ではありますが、この日本社会が、「歳を取った女性を価値下げする社会」であることは、高校生の頃から知っていました。総合職として大きな会社に入っても、それが起きることは、メディアの報道からして明らかでした。一生仕事を続けたいと思っていた私にとって、それは恐怖に他なりません。だって、歳って取っていく一方で、絶対に減ったりはしないんですもの。一生懸命に生きて、歳を取って、それが価値下げされるって一体どういうこと？　そういう恐ろしい世界には行きたくない、とずっと思っていました。

一方で、カウンセラーという仕事は、年齢を重ねることが、そしてそのなかで様々な経験をすることがマイナスになる、ということがありません。経験さえ積めばよいというわけではありませんが、少なくとも歳を取ることによって価値下げされることはありません。それは私よりずっと年上の女性のカウンセラーの先生方が、かなり年齢を重ねてからも活躍されていることからも明らかでした。私のスキーマ療法のスーパーバイザーのジョアン・ファレル先生も、70歳過ぎた今もなお、生き生きと楽しそうに臨床の仕事を続けておられます。そういう姿を見せてもらうと、歳を取ることが逆に楽しみに感じられるような気持ちになります。

私も50代半ばに入り、それなりに歳を取ったなあ、と感じることが増えてきましたが、こと、カウンセリングという仕事に関しては、そのことでマイナスに感じることがなく、自分の目論見が当たっていたことを実感します。この点についてはよい選択をしたと自画自賛しています。

カウンセラーは
女性という性別が
不利にならない仕事

認知行動療法との出会いとその後についての話　その1

心理カウンセリング（セラピー、心理療法）には、「はじめに」にも書いたとおり、様々な流派やアプローチがあります。そのなかから認知行動療法を私は選び、実践してきました。その経緯について振り返ってみます。

私は慶應義塾大学の文学部に入学しましたが、3年生になるときに認知心理学のゼミに入りました。認知という言葉は、今や「認知症」という病名として広く知られていますが、心理学的に認知とは、「頭のなかのこととして私たちが体験している現象」のことで、具体的には、思考（考え）、イメージ、記憶、知識、信念、注意などを指します。それらの働きを実証的に調べ、そのメカニズムをモデル化することを目指すのが認知心理学です。指導教官だった小谷津孝明先生は、なかでも記憶研究の第一人者でした。小谷津先生は、学生の好奇心や自由な発言を限りなく尊重してくださり、私たちゼミ生は、のびのびとゼミで文献を読んだりディスカッションしたりしていました。隣は行動分析学のゼミだったのですが、指導教官（知る人ぞ知る、佐藤方哉《まさや》先生でした）も指導してくれる大学院生もスパルタで、ゼミ生はひいひいいいながら勉強したり研究したりしながらも、楽しそうにゼミ生活を送っていました。

大学4年生に上がる頃、私は進路について小谷津先生に相談しました。一般企業に就職することに興味がもてないこと、セラピーとか心理カウンセリングに興味があること、一生働きたいと考えていること、そのために何か資格があれば取りたいと思っていることなどです。実はこれらの要望を叶えるためには、精神科医になるのがよいのではないかというアイディアを、当時の私は抱いていました。大学を卒業したら、数年間アルバイトをしてお金を貯めながら（当時はバブル期だったので、バイトは選びたい放題でした）受験勉強をして、医学部に入って精神科医になれば、私の思い描くセラピストの仕事に就けるのではないかと考えていたのです。そのことも含めて小谷津先生に相談したところ、医学部に入って精神科医になるにはあまりにも時間とお金がかかること（小谷津先生は、私がアルバイトで生計を立てている、いわゆる苦学生であることを知っていました）、少し前にできたばかりの「臨床心理士」という資格を取れば私のイメージするセラピストの仕事ができるであろうこと、そのためには心理学系の大学院に進学する必要があること、そして当時米国でめきめき知られるようになったセラピーに「認知療法」というアプローチがあること、認知心理学を学んできた私であれば認知療法に興味をもてるのではないかということ、小谷津先生ご自身も認知療法に興味があるのでよければ一緒に勉強しましょう、といったことを話してくれました。

尊敬する大好きな先生である小谷津先生にこのようにお話しいただき、私はすっかりその気になってしまいました。医学部に進むというアイディアは両親にも話していましたが、同様の理由（お金と時間がかかりすぎる）で不評で（後から聞くと、私がそんなに真面目に勉強し続けられるのか、という疑いがあったとのこと。もっともな疑いです）、認知心理学つながりで認知療法を勉強しながら、大学院に進学して臨床心理士の資格を取って、セラピストの仕事に就くというアイディアは親にもすんなり受け入れられ、私はそのような進路を目指すことにしました。どのみち学費に充てるお金がなかったので、大学卒業後1年間アルバイト生活をしてお金を貯め、秋の大学院受験に向けて勉強することにしました。同時に大学4年生が終わる頃から、小谷津先生の研究室で、当時大学院生だったO

さんという先輩と3人で、認知療法の原書を講読する勉強会を始めました。先生の研究室の冷蔵庫には、いつもビールが冷やしてあったので、勉強会の途中からは、ビールで喉を潤しながらディスカッションすることが通例となりました。

認知療法とは、米国の精神科医アーロン・ベックが創始した心理療法（セラピー）で、後に行動療法と統合され、現在では認知行動療法と呼ばれるようになった一大アプローチです。現在では、大きな書店に行くと、日本語で読める認知療法や認知行動療法の書籍が何冊も並べられていますが、当時は、日本語で読める書籍はほとんどなく、アーロン・ベックが著した英文の原書を、小谷津先生とO先輩と私で、少しずつ読み進めてはディスカッションする、ということを、ほぼ毎週行っていました。今思えば、ぜいたくな時間を過ごしたものです。

ベックの認知療法は、簡単にいえば、自らの認知（思考やイメージ）を観察し、それが自身の感情や行動や自分を取り巻く環境にどのような影響を与えているかを理解し、もし認知が何らかの悪さをしているのであれば、それを修正したり、あるいは認知と相互作用している行動を変容したりする、といったことを目指すものです。認知療法では、認知のなかでも「自動思考」という現象が特に重視されます。自動思考とは、その名の通り、「その瞬間に、自動的に湧き上がってくる考えやイメージ」のことで、その自動思考があまりにも極端だったり、偏っていたり、非現実的だったり、過度にネガティブだったりすると、それに伴ってネガティブな気分や感情（たとえば抑うつ気分や不安感など）が生じ、機能的な行動が取れなくなり、それらが悪循環に陥り、それが場合によってはうつ病や不安障害に発展すると想定されていました。

もともと認知心理学を学んでいた私には、認知療法のロジックはすんなりと頭に入ってきましたし、そのロジックがセラピーや心理カウンセリングに適用できるということは非常に魅力的でした。特に、自動思考をリアルタイムでモニターし、その自動思考に距離を取って受け止めることができれば、自動思考やそれに伴う気分や感情に巻き込まれなくなる、というベックの考え方は、私には体験的に理解できるものでした。

というのも、大学3年生のとき、私はある男性に片思いをして苦しんでいました。なぜ苦しんでいたかというと、その男性には付き合っている仲の良い彼女がいて、私は彼の恋人になれそうになかったからです。とっても好きなのに、お付き合いすることは絶対にできない、という完全なる片思い状況でした。片思いに苦しんだ私は、その思いを毎晩、ワープロを使って書きつけることにしました。自分がどんなに彼を好きなのか、そんな大好きな彼と恋人関係になれないのがどんなに苦しいか、その時々に頭に思い浮かんだ思いを、そのまんま、ワープロで打ち続けたのです。つまりその恋に関する自動思考をそのまんま取り出して、文章化し続けていた、ということになります。

そしてとても面白いことに、そんなことを何日か、あるいは何週間か続けていたら、急に霧が晴れたように、気分がパーッと明るくなりました。そして悟りを開いたかのように、「私は確かに彼が好きだ。その気持ちは本物だ。それでいいじゃん。その気持ちは、彼と付き合うとか付き合わないとか、そういうこととは関係なく、私にとって本物で、まぎれもない純粋な気持ちなのだから、私は私のこの気持ちに気づいて、大事にすればいいのだ！」と気がついてしまったのです。この気づきはとてもポジティブなものでした。この気づきによって、私は救われたのです。

このとき私は自分に何が起きたか、全く理解できませんでした。ずっと苦しんでいた恋心を、わきあがってくる思いのまま、毎晩ワープロで書きなぐっていただけなのに、急に気づきが生じて、気持ちがパーッと楽になってしまったのです。それ以降、彼に対する恋心は変わりませんでしたが、片思いであることの苦しさは、ほとんどなくなってしまいました。その現象自体が私には本当に不思議で、「ありのままの思いを書くって、よくわからないけど役に立つんだなあ」と単純に感心していました。同時に、「あの体験は何だったのだろう」とずっと心にひっかかっていました。

そして、ベックの認知療法に出会い、自動思考という現象を知り、それをモニターして距離を取ってただ受け止めることが人の気持ちを楽にする、ということを学んだ私は、「あのときの体験はこれだったんだ！」と気がつきました。ありのままの思いを、加工することなく、そのまんまリアルな言葉にして書きつける、という、当時私がやっていたことは、いわば「セルフ認知療法」で、私はその効果をすでに実感していたのでした。そういう体験もあって、私は認知療法が好きになり、もっと学びたい、心理カウンセラーとして実践できるようになりたいと強く思うようになりました。

もう1つ、認知療法が気に入ったのは「エビデンスベースト」ということでした。心理学や心理療法には科学（サイエンス）の部分とアートの部分があって、その両方が大事なのですが、流派や人によってどこに重点を置くかが異なります。学部時代に科学的心理学のトレーニングを受けた私にとって、科学的根拠に基づく実践を大切にするエビデンスベーストという考え方はあまりにも当然であり、エビデンスベーストを追求する認知療法には、とてもすんなりと馴染むことができました。

さらに、幸運な出会いがありました。私は、一浪して慶應大学の大学院に進んでからも、小谷津先生と認知療法の勉強を定期的に続けていたのですが、ちょうどその頃、米国のアーロン・ベックのもとで認知療法を学んでいた精神科医の大野裕《ゆたか》先生が日本に帰国し、同じ慶應大学ということで、大野先生や大野先生が所属する医学部の大学院生たちと、小谷津先生が所属する文学部関連の大学院生たちとで、「認知」について、すなわち認知心理学や認知療法について学ぶ研究会を発足させることになり、私はその事務局を担当することになりました。

この研究会はＰＴＣＰ研究会（Psycho Therapy and Cognitive Psychologyの頭文字を取った）といいましたが、1、2ヵ月に1度、慶應大学の三田キャンパスで、10名から20名程度の精神科医やその卵たち、そして心理学者や心理カウンセラーやその卵たちが集まって、広く心理学や心理療法について学び合い、議論をするという体験は、その後の飲み会も含めて、とても楽しいものでした。ここで私は認知療法や認知行動療法について、生きた学びを得ることができたと思っています。対人関係療法で著名な水島広子先生も、この研究会の常連でした。

などと徒然に語っていたらなんだか長くなってきちゃいました。紙幅が尽きてきたので、この続きは次の項で改めて。

認知行動療法との出会いとその後についての話　その2

そういうわけで、認知行動療法についての続きです。

私は大学院で幅広く臨床心理学を学びつつ（大学院では様々な流派のセラピーについて学びましたが、一方、認知療法について学ぶ機会がなかったので、小谷津先生との勉強会や先述のＰＴＣＰ研究会は貴重な学びの場でした）、一方で、修士2年が終わる頃に、大学院の先輩の紹介で、都内のとある精神科クリニックにて心理カウンセラーの非常勤の職を得ることができました。学んできた認知療法や認知行動療法を実践するチャンスを得たのです。

院長の松島淳《じゅん》先生は慶應大学出身で（つまり私の先輩）、大野裕先生と同期の精神科医でした。松島先生は心理カウンセラーがどのようなアプローチを用いるか、ということについては非常に鷹揚で、新米カウンセラーの私が「認知療法や認知行動療法を実践したい」と恐る恐る申し上げたところ、「患者さんがよくなるのであれば、何でもいいですよ。好きにやってください」とおおらかに受け入れてくれました。小谷津先生といい、松島先生といい、私はおおらかな指導者に恵まれているようです（そういえばピアノを教えてくれた千葉先生も非常におおらかな先生でした）。

精神科クリニックに併設されたカウンセリングルームで、初めて出会うクライアントを待っていたときの、緊張し、高揚したあの気持ちは今でも忘れられません。私が勤務していたクリニックでは、当時から心理カウンセリングの需要がかなりあったようで、ほどなくして、私のカウンセリングの枠にも順調にクライアントの予約が入るようになりました。私は大学院で習得した「傾聴（価値判断せずにクライアントの話をそのまま聞いて、受け止める）」と、主に小谷津先生と一緒に学んだ認知療法・認知行動療法の技術を必死で実践しました。ずっとあこがれていた心理カウンセラーの仕事にようやく就けたのですから、このチャンスをなんとしてでも活かしたかったのです。特に、そのクリニックで認知療法や認知行動療法を実践するカウンセラーは初めてとのことだったので、松島院長やクリニックに務める他の精神科医の先生方に、「認知療法や認知行動療法は役に立つ」と思ってもらいたい、そのためには結果を出さなければならない、と使命感に燃えていました。

とはいえ、クリニックでは仕事は与えてくれますが、指導はしてもらえません。自分の実践がそれで合っているのか、クライアントの役に立てているのか、カウンセリングを通じてクライアントは回復しているのか、新米カウンセラーの私1人では、なかなか判断がつきません。そういうわけで、私は3つの工夫をすることにしました。

1つ目の工夫は、小谷津先生のスーパービジョンを受けることでした。PTCP研究会の前に毎回1時間ほど時間を取ってもらい、先生の研究室や執務室で(当時、小谷津先生は文学部の学部長だったので、たいそう立派な学部長室にもよくおられました)、先生から1対1でカウンセリングについての指導を受けました。スーパービジョンというと、スーパーバイザーに叱責されたり、厳しい指導を受けたりしてトラウマになる人もいると聞きますが、小谷津先生に限ってはそんなことは全くありません。私の話を温かく受容的に聞いてくださり、それとなくアドバイスをしてくれる、まさにカウンセリングの見本のようなスーパービジョンでした。私は小谷津先生のスーパービジョンに完全に支えられていました。

2つ目の工夫は、PTCP研究会や大学院のケースカンファランスで積極的にケースを発表して、先生方やオーディエンスからのコメントをもらうことでした。自分の実践するケースをレポートにまとめ（それ自体がトレーニングとなりました）、大勢の前で発表し、批判的なコメントをもらうことには勇気が要りましたが、とにかく自分のカウンセリングを客観的に振り返り、改善のためのヒントを得たかった私は、今思えば図々しいぐらい積極的かつ頻繁にケースの発表をさせてもらいました。

そのとき、ある先生からもらったコメントは今でも忘れられません。それは「結局クライアントが回復しているのだからいいのだが、なんだか行き当たりばったりでカウンセリングをしているように思われる」というものでした。このコメントは図星でした。必死さのあまり、全体像を落ち着いて見渡す視点を失い、その結果、行き当たりばったりになっていたということに、このとき初めて気づかされました。認知療法や認知行動療法では「ケース概念化」「ケースフォーミュレーション」という考え方があって、それはケース全体の構造を客観的に見渡して、系統立ててセラピーやカウンセリングを進めていくというものです。それが自分に欠けていたのです。

そのコメントをもらったあと、私は、行き当たりばったりでない系統的なカウンセリングの進行を、ものすごく意識するようになりました。このように、研究会やカンファランスで自分のケースを発表することは、時に耳に痛いこともありましたが、非常に助けになりました。

3つ目の工夫は、自分で編み出した「セルフスーパービジョン」という手法です。これはカウンセリングのセッションが終わった直後に、そのセッションの振り返りを自分で行い、それを次のセッションに活かす、というものです。具体的には、セッションの直後に、①そのセッションで明らかになったこと、理解できたこと、②そのセッションで疑問に思ったこと、よくわからなかったこと、③自分がどういう対応をしたか、その対応にどういう迷いがあったか、④クライアントの反応はどうだったか、⑤次のセッションに向けてどうすればよいか、⑥次のセッションに向けてわからないことは何か、⑦その他気づいたことは何でも……といったことを、セッションの記録用紙の裏面に書きつけるというものです。セッションの直後なら記憶も新鮮ですから10分間もあればこの作業はできます。

ここまでなら、多くのカウンセラーも実施していることかもしれません。私の工夫は、①から⑦までの書きつけを、自分だけの振り返りに留めず、次のセッションでクライアントにお見せして、一緒に検討したことでした。「前回のあなたとのセッションを、セッションのあとで、このように振り返ってみました。いろいろわかった気になっていたのですが、実はよくわからないことがあったり、進め方に迷いがあったりすることがわかりました。そのことについてぜひ、あなた自身と一緒に検討したいのですが、いかがでしょうか？」という感じです。つまりそのクライアントとのカウンセリングについての理解や疑問や迷いを、当該のクライアントに投げかけ、相談する、というスタイルを取ってみたのです。先ほど「セルフスーパービジョン」と書きましたが、正確にいえば、これは「セルフ」ではなく、「クライアントとの協同スーパービジョン」とでもいえるスタイルでしょう。

多くのクライアントはこのやり方を歓迎してくれました。というのも、カウンセリングの主役は当然のことながらクライアント自身です。自分が主役であるカウンセリングについて、このようにカウンセラーに相談されたら、当のクライアント自身も一生懸命になって考えてくれます。またセッションのあとに、カウンセラーが時間を使って自分のことについて考え、こんなふうに書いてくれた、という事実が、クライアントにとってポジティブに機能するようでした。「貴重な時間を使って、こんなふうに考えてくれてありがとう」といわれたことが何度もありました。ときに、「先生はプロなんだから、素人の私に訊かずに、自分で考えたらよいでしょうに」といわれたこともあります。その場合は、「プロといっても、私の場合、まだこの仕事を初めてまもないんです。あなたとの貴重なカウンセリングのセッションで間違えたくないので、どうか相談に乗ってくれませんか」というと、「そりゃそうよね」という感じで、その段階で受け入れてくれました。

とにかくこの「セルフスーパービジョン」「クライアントとの協同スーパービジョン」は、私にとってはとても役に立ちましたし、何より、「クライアントのことはクライアント自身に訊かなければわからない」ということが徹底して理解できる体験になりました。認知療法や認知行動療法には、クライアントと協同して問題解決にあたる「協同的問題解決」という理念があるのですが、新米カウンセラーがそれを徹底的に実践したのが、この方式だったのだと今では思います。そうやって私は現場でクライアントに教えてもらいながら、成長させてもらいました。

以上のような工夫を通じて、私が担当するケースは中断することなく継続するし、その結果クライアントが回復していくので、そのうちに松島院長や他の医師たちに「認知療法や認知行動療法って効果があるんだね」と受け止めてもらえるようになりました。すると医師たちは、新たなケースを率先して私に依頼してくれるようになります。私の枠はカウンセリングの予約で常にいっぱいになり、土曜日などは昼休みもなく、朝から晩までクライアントと会い続けていました。とても充実した日々でした。

このような良循環が生まれたのは、カウンセリングの場を与えてくれた松島院長のおかげや、前述の私自身の工夫による面もありますが、私自身は、認知療法や認知行動療法が新米カウンセラーにさえ成果を出させてくれるポテンシャルをもっているから、だと考えました。認知療法や認知行動療法（以降は、「認知行動療法」に統一します）はなかなか役に立つカウンセリングの手法であり、だからこそエビデンスを出し、世界中で広まっているのだ、ということが、自分自身の体験を通じて理解できるようになったのです。私は認知行動療法について、もっともっと知りたいし、もっともっと腕を上げたいし、もっともっとみんなに知られてほしいと思うようになりました。

あらら、終わらなかった。この項、もうちょっと続きます。

認知行動療法との出会いとその後についての話　その③

そういうわけで、認知行動療法についての話がさらに続きます。

「その2」で書いた通り、新米カウンセラーのわりに、認知行動療法が奏効し出した私の予約枠はたちまちいっぱいになり、クリニックに勤めていた週に2回（のちに3回となり、さらに常勤になってもっと勤務日が増えることになりますが）は、仕事が終わるともうくたくたでした。ただ、人と会って話をするだけの仕事ですが、私の頭と心はフル回転で、仕事が終わる夜8時には、頭と心がパンパンになってしまい、そのまま帰宅したらパンクしてしまいそうでした。実際、そのまま帰宅して夕食を取ったりお風呂に入ったりするだけでは、パンパンな頭と心が休まらず、寝つきが悪くなったりもしていました。今思えば、人生経験もさほど多くない20代の若い自分が、様々な人びとの様々な体験を何時間も聴き続けるというのは、かなり負荷が高く、頭も心もパンパンになるのは当然のことでした。

「このままじゃいけない。仕事を続けられなくなってしまう」と危機感を抱いた私は、仕事の後、自宅に帰る前に気分を変えることにしました。いろいろ試してみましたが、行きついたのはゲームセンターに立ち寄るという対処法でした。実は私は大学院生の頃からゲームセンターにしょっちゅう通っており(「入り浸り」ともいう)、特にテトリスというゲームが大好きで、莫大な時間とお金をかけただけあって、大得意でした。

自慢じゃありませんが(というか、完全に自慢ですが)、最盛期は「レベル99」という最高レベルのまま、自動操縦状態で延々とゲームを続けられる状態でした。私がテトリスをやっていると、「見て、このおねえちゃんすごいよ!」と、子どもたちが集まってくるレベルだったのです。ちなみに、今の夫と結婚する前に、ゲームセンターに一緒に行ったことがありますが、私のテトリスの腕前に驚愕したそうです(とはいえ、その頃は最盛期より若干腕が落ちていたのですよ)。

テトリスをやっていると、完全に集中するので(レベルが上がってくると、100パーセント完全に集中しないとたちまちゲームオーバーになってしまう)、他のことを考えたり感じたりする余地がまったくなくなります。1日中カウンセリングをして、さらにセルフスーパービジョンをしてパンパンになった頭と心も、テトリスをしているうちに、少しずつ軽くなっていきます。数時間（私の悪い癖ですが、1度始めちゃうと、何時間も続けてしまう）経てば、というより12時の閉店までやり続ければ、ありがたいことに、「ああ、これで家に帰れる」と思えるほどには、頭と心が軽くなっているのでした。一方、肩はバキバキに凝っていましたが。とにかくカウンセリングの仕事を始めた最初の3年間は、こうやってゲームセンターに寄って閉店までテトリスをやり続けることによって、しのぐことができたのでした。

さて、テトリスでしのぎながら、仕事は順調に続けていました。週に2日の勤務が3日となり、さらにクリニックがデイケアを併設することになったのをきっかけに常勤となり、週に5日、私は楽しく仕事をしていました。カウンセリングやデイケアといった現場の臨床の仕事は、とにかく私にとっては楽しく、実はその頃、博士号を取るために論文を書いていたのですが、仕事があまりにも楽しすぎて、「論文を書くのをやめちゃおうかなあ」と思うほどでした。

私は、修士課程が終わる直前に、クリニックでの勤務を始めたのですが、研究にも興味があったので大学院の博士課程に進学していました。当時の私は、クリニックに非常勤で勤めながら、博士課程で勉強と研究を続け、生活費を稼ぐために大学進学予備校で国語を教えており、忙しくも充実した日々でした。博士課程に進むということは、必然的に、学位（博士号）を取るために論文を書くということになります。

仕事が楽しすぎた私は、「私には現場の仕事が合っている。研究も面白いと思ったが、今後も現場で仕事をし続けるのなら、博士号なんか取らなくてもよいのではないか。フルで仕事しながら論文を書くのは大変だし。だからこの際博士論文を書くのはやめてしまおうかなあ」と思うに至りました。それは当時の率直な自動思考ですが、同時に、フルタイムで仕事をしながら論文を書くのは実際にかなり大変なので、それから逃げたいという気持ちも正直ありました。

そこで、ＰＴＣＰ研究会の前に小谷津先生にお会いしたときに、思い切って言ってみました。「現場の仕事が楽しいし、今後も現場で臨床の仕事を続けていきたいので、博士論文を書くのはやめようと思います」と。いつも私のことをおおらかに受け止めてくれる先生なので、このときもてっきり「伊藤さんがそう思うなら、いいんじゃないか」と受容されるものと思い込んでいました。ところが小谷津先生は、私がそのようにいった途端に激怒し始めました。先生は以下のようなことをおっしゃいました。

「君は大学院の博士課程まで進学し、最も高度な教育を受けた人間になった。高度な教育を受けるには、莫大な人の手と資本がかかっている。つまり多くの助けを得て、君はここまで教育を受けてきたのだ。そのような人間には責任がある。それは研究をしたり、人を育てたりするなどして、社会に恩返しする責任である。自分が楽しいという理由だけで、そのような責任を放棄するのは、許されない。まさに無責任である！」

私はいつも穏やかな先生が怒り出したことにも驚きましたが、「教育を受けた者の責任」ということを考えたことがなかったので、そのような考え方自体に、本当にびっくりしました。「そういう考え方があったのか！」と新鮮に受け止めました。確かに私は自分ひとりの力で博士課程まで進んで学ぶことができたわけではありません。直接的に、そして思いもよらないような様々な助けを受けて、曲がりなりにもここまで来たのです。それは非常に恵まれたことでもあります。その恵まれたなかで受けた教育について、自分ひとりが楽しいからよしとするのではなく、社会に、社会で共に生きる人びとに恩返しをしないといけない、という考え方は、非常に納得のいくものでした。小谷津先生の叱責はめちゃくちゃ胸に響きました。

そういうわけで、心を入れ替えた私は頑張って論文を書き、無事に博士の学位を取得することができました。その後も私は研究職に就くことはなく、現場で仕事をしてきているので、この博士という学位がどれほど不可欠であったか、ということはわからないのですが、私としては、学位を取ったことより、「教育を受けた者の責任」という小谷津先生の教え自体がその後の自分の活動の支えになってきたように思います。「私はちゃんと責任を果たせているだろうか。恩返しができているだろうか」と自己点検する癖がついたのです。今もその答えはわかりませんが、その問いを小谷津先生にもらったこと自体が、とてもありがたかったと思っています。

さて、その小谷津先生の教えもあり、私は毎年、とある学会（臨床心理学関連では日本一のマンモス学会）で認知行動療法の事例研究発表をする、ということを自分のノルマとしました。その学会に入って最初の年次大会に参加した際、「認知行動療法の事例や研究をたくさん聞きたいな」と思って、楽しみにしていましたが、なんと認知行動療法関連の発表は皆無でした。確かに当時、日本では認知行動療法はマイナーでしたが、海外では標準的なアプローチとしてかなり知られるようになっていたので、学会に参加すれば、偉い先生や先輩が認知行動療法について話をするのを聞けるに違いないと私は思い込んでいて、そうではない事実を目の当たりにして、大げさではなく本当に驚愕してしまいました。当時、クリニックで認知行動療法を実践するカウンセラーは私1人だったので、私は仲間を欲していました。学会に行って、認知行動療法の発表にオーディエンスとして参加すれば、仲間が見つけられるのではないかと期待していたのですが、期待は裏切られました。「だったら自分で発表し、自分で仲間を見つけてやろう」と思い、「この学会で、認知行動療法がもっとメジャーになるといいな」といった考えもあって、自ら発表することを思い立ちました。最初の発表は「神経性頻尿の高校生女子に対する認知行動療法」でした。幸い、無事に発表を終えることができ、フロアのオーディエンスとの議論も活発なものになりました。「これだったら毎年続けられそうだ」と安堵したことを覚えています。この最初の事例発表を許可してくださったクライアントには、今でも深く感謝しています。

そんなこんなで毎年学会で発表を続けるうちに、目論見通り、少しずつ認知行動療法を志す仲間が増え、一緒にシンポジウムを開いたりもするようになりました。その後、私は民間企業に転職し、認知行動療法に基づくメンタルヘルス関連の仕事に就いたのですが、その際、スタッフを育成する必要が生じ、だったら一度渡米して、きちんと認知行動療法を学んだほうがよいとのスーパーバイザーの指導もあって、2002年6月に米国のフィラデルフィアにあるベック認知行動療法研究所に赴いて、短期研修に参加しました。そのときのメインの講師がジュディス・ベックといって、認知行動療法を構築したアーロン・ベックの娘で、当時の（今もですが）認知行動療法の世界的な第一人者でした。

その縁があって、帰国後、『認知療法実践ガイド』（現『認知行動療法実践ガイド』）（星和書店）というジュディス・ベックが執筆した認知行動療法のテキストを、他の先生方と共に翻訳する機会に恵まれました。この書籍は本当に素晴らしく、世界中で認知行動療法のベーシックな教科書として活用されているのがうなずけます。翻訳しながら、米国で受けた研修のエッセンスをさらに学び、現場での実践にも活かし、私なりに認知行動療法の学びを深めていきました。そしてその民間企業を辞めた私は、2004年に「洗足ストレスコーピング・サポートオフィス」という、認知行動療法を専門とする民間カウンセリング機関を開設するに至りました。このオフィスには常時20名以上のカウンセラーが所属しており、皆、認知行動療法を志向する仲間です。仲間が欲しい、仲間と共に認知行動療法を実践し、さらにその知識と技術を磨きたい、と願っていた私にとって、夢が叶ったようなものです。

このように振り返ってみると、認知行動療法に出会った1990年頃から今に至るまで、つまり30年以上も、認知行動療法にどっぷりとつかった日々を過ごしてきたことになります。ところで私にとって、認知行動療法を実践してきて、何が一番よかったでしょうか？　これが「飯のタネ」ですから、これで私は生活し、ご飯を食べているという意味でもももちろん助かっていますし、認知行動療法を用いたカウンセリングを通じて、クライアントが回復していくのに同行させてもらうことには大きな喜びがあります。しかし、私が認知行動療法を学んで一番よかったと思っているのは、「私自身のセルフケアの役に立つ！」ということです。

日々のストレス対処に、そして生きていれば大なり小なりいろいろな問題が生じますが、それに対応する際に、認知行動療法の知識とスキルは非常に助けになります。私が、ときに調子を崩しながらも、なんとかこのように仕事と生活を続けていられるのは、認知行動療法をセルフケアの手段として活用できていることと大いに関係があると思っています。

実はうちのスタッフたちも口々に同じようなことをいっています。スタッフが20名以上もいれば、そのときどきで人生のピンチに遭遇している人が何名かおり、そこから復活してきたスタッフが全員、「認知行動療法を身に付けておいてよかった！　自分のために役に立った！」といっています。認知行動療法はセルフケアのための実践的な知識とスキルの集合体です。それを習得することで、クライアントも回復していくのです。

私が一般の方向けに認知行動療法の本を書くのには、ぜひ読者の方々に自らのセルフケアの手法として認知行動療法を役立ててもらいたい、という気持ちが強くあります。本書でも、この後、私自身の認知行動療法に基づくストレス対処の実践について具体的に紹介しますが、ぜひそれらを参考にして、皆さんのセルフケアに取り入れていただければ嬉しいです。

以上、長々と「認知行動療法と私」というテーマで語ってきましたが、２０００年代後半まで、私は自分のキャリアを認知行動療法だけに捧げるつもりでいましたし、それで十分だとも思っていました。認知行動療法を実践し、認知行動療法を実践できる人を育成することに喜びと満足感を感じていました。本当にそれで十分だったはずなのです。ところが私は２００６年にスキーマ療法というものに出会ってしまい、キャリアを捧げる対象が大幅に広がってしまいました。そんな話を次回にします。

パンパンに
なった
頭と心を
テトリスで
ほぐして
いた

スキーマ療法との出会いとその後についての話　その1

季節は忘れましたが、2006年のある日、当時金剛出版に在籍していた山内俊介《やまのうちしゅんすけ》さんという編集者が、アポをとって、洗足のオフィスまで私に会いに来てくれました。「依頼したい仕事の話がある」ということだったので、どんなお話か直接会っておうかがいしましょうということになったのです。彼は分厚い洋書を携えてきました。その本の表紙には『Schema Therapy: A Practitioner's Guide』と書いてあります。山内さんは単刀直入に「とてもよい本なので、伊藤先生のほうで翻訳しませんか？」とおっしゃいました。

原書のタイトルは直訳すれば「スキーマ療法：実践家のためのガイド」です。「スキーマかあ」と私は思いました。スキーマという用語は、今ではスキーマ療法としてよく知られていますが、もとは認知心理学の用語で、「認知構造」「認知の枠組み」といった意味をもちます。私たちが物事を認知するときのフレームワークのようなものです。たとえば「動物」という言葉を聞けば、私たちは即座に「動く生き物」だと理解し、「犬」「猫」「ライオン」「熊」「シマウマ」といった動物たちをイメージしますね。それは私たちが「動物スキーマ」という認知のフレームワークを有しているからできる理解やイメージです。私たちは効率的に生きるために、実に様々なスキーマをもっており、それらを無意識的に活用しています。

実は私は修士論文も博士論文も、「問題解決スキーマ」というテーマで書きました。ここでいうスキーマもスキーマ療法とは全く関係がなく、人間が困難を乗り越えたり、物事に対処したりするにあたっては、「問題解決スキーマ」というフレームワークをもっていることが有用なのではないか、という趣旨の論文でした。そういう意味ではスキーマ療法というセラピー的な文脈とは別の流れで、スキーマという概念に馴染んでいました。

一方、スキーマ療法を構築した米国の心理学者、ジェフリー・ヤングは、1990年に初めてスキーマ療法に関する文献を出版しました。ヤングは、従来うつ病や不安障害を対象に構築されたベックの認知行動療法を、境界性パーソナリティ障害に適用するために、認知行動療法の理論やモデルを拡張する形で、スキーマ療法を構築しました。そして1990年に文献（論文というより小冊子のようなものです）が出版された後、パーソナリティ障害をめぐる認知行動療法の議論には、必ずといっていいほどヤングの1990年の文献が引用されていました。そこまでの事実は私も知っており、「スキーマ療法って何だろう？　認知行動療法を拡張したって、具体的にはどんな感じなのかな？」と関心は抱いていたので、山内さんのタイミングのよいご依頼には、興味を覚えました。

しかし、その分厚い原書を直接目にすると、ひるむんですよね。なにしろ500ページ近くありますから。その翻訳に手を出すとなると、かなりの覚悟をしなければなりません。そもそも私は怪しみました。というのも、原書は2003年に出版されているのです。通常、出版社や編集者が「よい本だから翻訳しませんか？」といってくるときは、その本の出版直後や、場合によっては出版の前であることが少なくありません。しかし山内さんがこの本を私のところに持ってきたのは、出版から3年も経った2006年です。「これは何か理由があるに違いない」と私は考えました。一番考えられる理由は、私の前に翻訳を断った先生方が複数名おられる、ということです。当初、山内さんは、私よりもっと名の知られた、大学教授とか偉い先生方にこの本の翻訳を持ちかけたのではないか。しかし何といっても分厚いし、スキーマ療法の翻訳書はそれまで日本に全くなく、一から日本語にするのは大変なので、それらの先生方が軒並み断ったのではないか。それが私の推測でした。そしてそれが本当であれば、その気持ちはよくわかるのです。

しつこいですが、とにかく分厚い。分厚ければ分厚いほど、翻訳には時間と労力を要します。そして先に書いた通り、日本語に訳された本が1冊もないので、スキーマ療法のオリジナルな用語を一から日本語に訳す必要があります。その場合「訳す」というより、「日本語を作る」といった作業になるでしょう。言葉を作るって大変なことです。私は認知行動療法の本の翻訳を何冊か手掛けていますが、認知行動療法は大野裕先生はじめ、日本におけるパイオニアの先生方が訳してくださった本があり、日本語の訳語が定着しているので、その意味では認知行動療法の翻訳はさほど大変ではありません。しかしスキーマ療法ではそういうアドバンテージが一切ないのです。2004年に開業したオフィスの営業は、2006年当時、すでに軌道に乗っており、日中はカウンセリングやスーパービジョンやオフィスのマネジメント業務でいっぱいいっぱいでした。翻訳を引き受けるとしたら、自分のプライベートの時間をやりくりするしかありません。

「うーん、やってみたいけど、どう考えても大変そうだなあ。どうしようかなあ」と迷った私は、いったんその原書をお預かりすることにしました。ひとまず「序章」とか概論が書いてあるはずの「第1章」に目を通してから、意思決定しようと考えたのです。私は数日かけて、辞書を引き引き、序章と第1章を読んでみました。そして驚愕してしまったのです。

なんてすごいセラピーが登場したもんだ！　認知行動療法に1つの到達点があるとすれば、それはまぎれもなく、このスキーマ療法だ！　それにしても、なんて統合的で、豊かなセラピーなんだろう。理論とモデルと技法がこれだけシームレスに統合されているというのは、本当にすごいことだ！　認知行動療法で、痒いところに手が届かなった層に、スキーマ療法は確実に手が届くのではないだろうか？　簡単には回復しないといわれるパーソナリティ障害が、スキーマ療法で回復するというのは、なんて希望がもてることだろうか！

そのときの私の自動思考を言語化すると、ざっとこんな感じになるでしょうか。とにかく私は驚いたのと同時に、スキーマ療法に完全に魅了されてしまい、翻訳を決意しました。具体的にはオフィスで有志を募って翻訳チームを作り、私が監訳作業をするという体制で、チームメンバーが作成した翻訳文を、私が原書と照合しながら、1つひとつ確認していく、という作業です。

ちょうど同じく2006年に、オランダである論文が出版されました。それは、境界性パーソナリティ障害に対するスキーマ療法の臨床研究で、「ランダム化比較試験（RCT）」と呼ばれる質の高い実証研究によって、スキーマ療法が境界性パーソナリティ障害の治療法として非常に優れているというデータが示されたものです。2003年にヤングのスキーマ療法のテキスト（つまり私たちが翻訳した本）が出版され、それが世界中で翻訳されたことでスキーマ療法は世界で知られることになりましたが、この2006年の論文がその後押しをし、専門家のあいだではスキーマ療法が大いに知られることになったのです。私は当時、その論文のことも同時に知ったので、「これはできるだけ早く翻訳書を世に出さねばならない」と使命感に燃えました。

そういうわけで、2008年に翻訳書を出版するまでの2年間、私は仕事以外の全ての時間をスキーマ療法の翻訳作業に捧げました。まあ、それは一言でいえば「地獄を見た」というものでした。スキーマ療法にはオリジナルな用語が山ほどあって、それを1つひととつ意味のあるわかりやすい日本語に変えていかなければなりません。

そもそも分厚い本ですから、訳さねばならない文章も膨大です。その当時は、早朝に起きてはすぐにパソコンに向かって翻訳作業、仕事から帰って夕食を取ったらすぐにパソコンに向かって深夜まで翻訳作業、「●●って用語はどう訳したらいいんだ？」と悩み続ける毎日。なにしろ分厚い本なので作業をしても全然先に進んでいる感覚がもてません。始めてしまったからにはやり抜くしかなく、作業を続けるしかないのですが、その当時、私はずいぶんと山内さんを恨んだものです。「よくもこんな大変な仕事を私のところに持ってきたな！」というのが、よく浮かんだ自動思考でした。そのときのことを思い返すと、この仕事によって、私の寿命は確実に3年は縮んだと、今でも確信をもっていうことができます。

しかし、それに見合う価値のあるスキーマ療法との出会いでした。翻訳をしながら、私たちはスキーマ療法について一から学びました。学びながら、自分自身にセルフセラピーのような形でスキーマ療法を適用し、実践しました。それをときどき仲間で集まって互いに報告し合うということもしました。つまりスキーマ療法を学ぶだけでなく、自分の身をもって体験したのです。それによってスキーマ療法の威力を思い知らされました。後に本書でも具体的に紹介しますが、私の場合、スキーマ療法を実践することによって、自分自身の価値観が明らかになり、生き方が変わりました。スキーマ療法は、生き方レベルで変化を起こすセラピーなんだということが、はっきりとわかりました。簡単にいえば、生きることがだいぶ楽になったのです。言い換えると生きづらさが減りました。なので、先に私は翻訳作業のせいで3年寿命が縮まったと書きましたが、一方で、スキーマ療法で生きやすくなったぶん3年寿命が延びたような気もしています。つまりプラスマイナス、ゼロ。とんとんです。山内さんに対する恨みも結果的には解消されました。

認知心理学ではスキーマは「認知構造」であると先に書きましたが、スキーマ療法で扱うスキーマとは、正確には「早期不適応的スキーマ」と呼ばれるものです。その定義は、「人生の早期に形成された、当時は適応のためだったかもしれないが、あとになってその人を不適応にさせてしまうスキーマ」というものです。ヤングは、具体的には、①見捨てられ／不安定スキーマ、②欠陥／恥スキーマ、③不信／虐待スキーマ、④情緒的剥奪スキーマ、⑤社会的孤立／疎外スキーマ、⑥依存／無能スキーマ、⑦疾病と損害に対する脆弱性スキーマ、⑧巻き込まれ／未発達の自己スキーマ、⑨失敗スキーマ、⑩服従スキーマ、⑪自己犠牲スキーマ、⑫評価と承認の希求スキーマ、⑬否定／悲観スキーマ、⑭感情抑制スキーマ、

⑮厳密な基準／過度の批判スキーマ、⑯罰スキーマ、⑰権利要求／尊大スキーマ、⑱自制と自律の欠如スキーマ、という18個の早期不適応的スキーマを定式化しています。これらのスキーマが幼少期や思春期に形成され、その後大人になった私たちに生きづらさをもたらしているというのが、スキーマ療法の考え方です。この理論は私にとってとてもしっくりくるものでした。

あらら、また長くなっちゃった。この話、続けます。

スキーマ療法との出会いとその後についての話 その2

18個の早期不適応的スキーマのリストをご覧になって、読者の皆さんには、自分のこととして思い当たるものがありますか？　のちに具体的に紹介しますが、私にはいくつもが思い当たります。スキーマ療法に取り組むクライアントも、ここにある多くのスキーマについて「これは自分のことだ」とピンとくるようです。このように早期不適応的スキーマのリストを眺めるだけでも、自分の根底にある生きづらさの理解が進みます。

スキーマ療法には、「早期不適応的スキーマ」以外にも、様々な考え方があります。なかでも私に響いたのは、「チャイルドモード」と「ヘルシーアダルトモード」という考え方でした。スキーマがその人の心の「根っこ」だとすると、モードとはその人の心の部分を表す用語です。チャイルドモードとは、その人の心のなかの子どもの部分、ヘルシーアダルトモードとは、その人の心のなかの健全な大人の部分を指します。スキーマ療法では、傷ついたチャイルドモードを、ヘルシーアダルトモードが癒し、チャイルドモードがよりハッピーになれるようガイドします。カウンセラーがスキーマ療法を行う場合は、クライアントのチャイルドモードをセラピストが外的なヘルシーアダルトモードとして癒したり再養育したりする、ということを目指します。

スキーマ療法のモードや再養育という考え方や手法を知って、私は自分が自分のチャイルドモードをいかに大切にしてこなかったか、ということを実感し、非常に残念に思うと同時に、「ああ、これからは自分のチャイルドモードを大事にしていけばいいんだ」という確固たる指針を得た気がしました。そして自らのチャイルドモードを大事にする主体であるヘルシーアダルトモードを支えるにはどうしたらよいか、という発想をもちました。そのためには独りぼっちでいてはいけない、多くの存在からサポートを得る必要があるんだ、とも思い至りました。

また、カウンセリングでのクライアントとの関係のもち方も、「協同作業」である認知行動療法と、「再養育」を目指すスキーマ療法ではだいぶ異なる、ということが実感としてよく理解できました。本書では、この後、私自身が自分のチャイルドモードにどのようにアクセスし、チャイルドモードをどのようにケアしているかといったことや、ヘルシーアダルトモードをどのように支えているかといったことについて、具体的に紹介しますので、ぜひ参考になさってください。

こんなふうにスキーマ療法を自ら体験し、仲間と共に学びながら、カウンセリングでも徐々にクライアントに紹介し、実践するようになりました。驚いたことに、認知行動療法で突破できなかった限界線を、スキーマ療法はやすやすと突破し、クライアントが回復してきます。おそらく認知行動療法では扱いかねていた心の深いところの傷（トラウマといってもよいでしょう）を、早期不適応的スキーマという言葉を与えることによって可視化し、ヘルシーアダルトモードを担うカウンセラーがクライアントの内なるチャイルドモードを再養育するというスキーマ療法の理論と手法が奏効したのでしょう。私はますますスキーマ療法に魅了されていきました。

そういうわけで、２００８年に翻訳書『スキーマ療法』を金剛出版から出版後、スキーマ療法を実践しつつ、学会で事例研究発表などを行い、徐々に経験値を高めていきました。２０１１年には日本認知療法学会（現「日本認知療法・認知行動療法学会」）がジェフリー・

ヤングをお招きしたおかげで、私はヤング先生に直接お目にかかってお話しすることができました。ヤング先生に会って、私は深く納得しました。というのも、私は、「これだけのすごいセラピーを1人で構築したジェフリー・ヤングとは何者なんだろう？　とてつもない天才なんじゃなかろうか？」と、ずっと疑問に思っていたのですが、「生《なま》ヤング」（生のヤング先生を私はこう呼んでいます）がとてつもない変人（ということは、たぶん天才）であることが、その言動から一目瞭然だったからです。

２０１２年にはスキーマ療法プロジェクトを立ち上げ、翻訳や出版、研究、学会の活動をさらに広げていくことにしました。２０１３年には、自分たちで編集して執筆した書籍『スキーマ療法入門』（星和書店）を出版し、同時に「スキーマ療法入門ワークショップ」というワークショップを東京で開催しました。２００８年に翻訳書を出版して以来、日本でも少しずつスキーマ療法が知られるようになったものの、この２０１３年のワークショップにどれだけの人が参加してくれるのか、期待と不安の両方があったのですが、瞬く間に60名の定員が満席になり、とても嬉しかったのと同時にワークショップの講師としてのプレッシャーを感じたことを覚えています。

私にとって非常に励みになったのは、この第1回のワークショップに、大尊敬する精神科医である松本俊彦先生がご参加くださり、「スキーマ療法は認知行動療法が届かなかったところを十分カバーしうるセラピーだ」とのコメントをくださったことでした。私たちの思いが独りよがりではなかったことを知って、安堵しました。他にご参加いただいた方々からも、スキーマ療法に対してポジティブなコメントをたくさん頂戴し、「よし、こうなったら、とことんスキーマ療法を追求しよう」と思いました。要するにますます調子に乗ったのです。

その後も翻訳活動や学会活動を続け、2014年には日本スキーマ療法研究会という組織を立ち上げました。これは専門家を対象とした研究会ですが、立ち上げ当初から100名以上の方が入会してくださり、今では会員が300名を超えるに至りました。「こうなったら、もう、海外に行ってもっと本格的にスキーマ療法を勉強し、国際資格も取ってしまおう」と野望が膨らみ、2015年には2度、仲間と共に訪米し、ニュージャージーでの集中的なワークショップに参加し、その後はジョアン・ファレル先生（ヤング先生のお友だちで、グループスキーマ療法の第一人者）のスーパービジョンを、オンラインで受け続けています。ジョアン先生には2018年に来日していただき、複雑性トラウマのワークショップの講師を務めてもらいました。これもすぐに満席になり、日本でのスキーマ療法への関心が依然として高いことがうかがわれました。

私自身、2018年に無事、国際スキーマ療法協会の「上級スキーマセラピスト&スーパーバイザー」の資格を得ることができ（英語で指導を受け、レポートを出し、審査を受けるのは、それは大変でした）、さらに当機関（洗足ストレスコーピング・サポートオフィス）のスキーマ療法の教育プログラムが、協会から公式プログラムとして認定されました。2017年からは慢性うつ病の当事者に対するスキーマ療法の臨床研究（ランダム化比較試験）を開始して、今も続行中です。

出版活動も活発に行っています。数々のスキーマ療法のテキストを日本語に翻訳し、出版すると同時に、2015年には『自分でできるスキーマ療法ワークブック』（Book1&2）（星和書店）を執筆し、出版しました。その目的は、一般の方向けに認知行動療法の本を書くのと全く同じです。カウンセラーの助けがなくても（日本で専門的なカウンセリングを受けるというのは、まだまだハードルが高いのです。それがもっと気軽にできるようになればよいのですが）、本書を読み、本書のワークに取り組むことで、スキーマ療法を実践し、それが読者の方の助けになることを願いながら、一生懸命書きました。

以上のようにまとめてみると、なんだか「私はスキーマ療法をこんなに頑張っているんだぞ!」という自慢話のように皆さんに思われてしまいそうで、若干恐縮するのですが、ここで私があらためて実感するのは、「ひょんなことからスキーマ療法に捧げる人生になってしまったなあ」ということです。前にも書きましたが、最初に自分の専門領域とした認知行動療法は、それはそれで非常に面白いし、魅力的だし、効果的で、私はそれに自分のキャリアを捧げるつもりでいたのです。が、なぜか山内さんが私に翻訳の依頼をしてくれたことで、私はスキーマ療法の沼にずぶずぶずぶずぶとはまってしまい、今もはまり続けています。その出会いに私は今でも深く感謝しています。

そしてスキーマ療法と出会って何が一番良かったかというと、認知行動療法と同様に、やはり「自分が助けられた」ということに尽きます。認知行動療法が日々のストレス対処の助けになるとすれば、スキーマ療法は自分の人生を振り返り、心の奥の傷を見つめ、自分の生きづらさを理解し、それを乗り越えていくことの助けになります。

この本を翻訳することで
寿命は
確実に
3年
縮んだと思う
（一方で3年延びた）

第2章

困ったときのマインドフルネス

マインドフルネスとの出会いとその後についての話

1990年代から2000年代にかけて、私は認知行動療法を学ぶことに一生懸命だったのですが、今世紀に入ったあたりから、「マインドフルネス」という言葉をちらほら目にしたり耳にしたりするようになりました。マインドフルネスって何だろう？　認知行動療法を学ぶうえでも重要なんだろうか？　そもそもマインドフルネスって言葉の響きがふんわりとしていて素敵だな……などと思って、早速マインドフルネスをテーマとしたワークショップに参加したり本を読んだりするようになりました。

マインドフルネスには様々な定義がありますが、ざっくりとまとめると、「今、この瞬間の自分の体験に、評価や判断をすることなく、注意を向け、ありのままの気づきを受け止める」といったことになります。これが口でいうほど簡単ではなく、気の長い実践が必要なことは、学び始めてまもなく思い知ることになりました。ともあれ、ワークショップに参加すると、様々なエクササイズを体験することができ、これがめちゃくちゃ面白かったので、一時期はマインドフルネスのワークショップに機会があれば参加しまくっていました。マインドフルネス瞑想、マインドフルネス呼吸法、食べるマインドフルネス（例：レーズン・エクササイズ）、歩くマインドフルネス、思考のマインドフルネス（例：葉っぱのエクササイズ）、身体感覚のマインドフルネス（例：ボディスキャン）などなど、マインドフルネスには無限といってもよいほどの数多くのエクササイズがあります。それを片っ端から体験しました。そして体験すればするほど、「評価や判断をせず、ありのまま受け止める」ことの難しさを実感しました。

だって、私たちって、物事や体験を普通に評価したり判断したりするでしょう？　何かを食べたり飲んだりすれば、「美味しい」とか「イマイチ」とか判断するし、身体のどこかが痛ければ「どうしたんだろう？　痛いの嫌だなあ」と評価するし、ネガティブな思考がぐるぐる出てくれば「こんなのはつらい、嫌だ！」と受け止めるどころか拒否したくなる。つまり「マインドフル」ではなく「マインドレス」になってしまうことが、日常的に多々あるんです。だから、マインドフルネスを学べば学ぶほど、エクササイズは新鮮で面白いのですが、日常的にはなかなか定着しない、というジレンマを抱えていました。とくに私はせっかちなので、何かをしたら、その成果がすぐに欲しくなってしまいます。ところが成果を求めること自体が、そのまま評価や判断につながるので、マインドフルネスではご法度なのです。成果があろうがなかろうが、そのときどきの体験にありのままに気づきを向けるのがマインドフルネスですから。

さらに難しいなあ、と思ったのは、日々の生活のなかでマインドフルネスのためにまとまった時間を取ることです。ワークショップで講師を務めるのは、どなたも日本におけるマインドフルネスのパイオニアである大家の先生方です。その先生方が口をそろえておっしゃっていたのは、「私は毎日60分、必ず座ってマインドフルネス瞑想をします」「どんなに忙しくても1日40分は集中してマインドフルネス呼吸をします」「やろうと思えば、時間は確保できるものです」といったことでした。つまり毎日の生活のなかで、40分から1時間は、マインドフルネスだけに集中する時間を確保して、エクササイズを実践しておられる、ということです。

そういう話を聞くたびに、「偉い先生はやはりすごいなあ」「私なんかよりずっと忙しいのに、毎日1時間座って瞑想するって、すごすぎて想像もつかない」と、うちのめされました。だって、こんなにバタバタした生活のなかで、1日1時間どころか、40分、いや、40分どころか30分だって20分だって、いや場合によっては10分だって、じっと座ってマインドフルネス瞑想をするのは、どうしても無理だと感じてしまうのです。いや、バタバタしているからこそ、じっくりとしたマインドフルネスの時間が必要だろう、というのはよくわかるんです。偉い先生方がおっしゃる通り、頑張って工夫すれば、1日60分は難しいにしても、20分だったら時間が作れないわけはないんです。でも、それができないというか、それに時間を取ることに抵抗を感じるというか、要するにやる気がないというか……。

そういうわけで、マインドフルネスについては、興味関心はあるし、本で勉強もしたし、ワークショップにも出まくってエクササイズを体験したりしたのですが、一方で、日常的にはなかなか実践が続かず、「劣等生」気分が続いていたのでした。自分を劣等生扱いすること自体が思い切り「評価」「判断」なので、これ自体がさらにマインドレスなのですが。まあ、そういうジレンマを抱えながら、日常生活でも断続的にはマインドフルネスのエクササイズを行い、中途半端な修行を続けていました。

そんな私に転機が訪れたのは、2015年に、マインドフルネスの世界的な大家である、今は亡きティク・ナット・ハン先生のお弟子さんご一行が来日し、彼らのワークショップに参加したときのことでした（ティク・ナット・ハン先生も来日予定だったのですが、直前に脳出血で倒れられて来日が叶いませんでした）。お弟子さんたちはフランスにあるプラム・ヴィレッジというマインドフルネスのための施設で、マインドフルネスを実践する暮らしを続けながら、世界中にマインドフルネスを広めている人たちです。つまり日常生活のなかでマインドフルネス瞑想をするどころか、日常生活の全ての時間をマインドフルネスに捧げているような生活をしている方々です。総勢30名以上の僧侶たちが講師を務めるワークショップは圧巻でした。それはもう数々の気づきがありましたが、特に私がびっくり仰天して目から鱗が落ちたのは、以下の2点についてでした。

1つは、僧侶たち（男性も女性もいました）の目が、あまりにも輝き、そして澄んでいたことです。あとにも先にも、あれほど瞳がキラキラと輝き、そして美しく澄んでいる人たちを見たことは、私にはありません。「人の瞳って、こんなに美しく澄めるものなのか！」と驚愕し、しみじみと見入ってしまいました。おそらく同じように感じた参加者は少なくなかったようで、ある参加者は「あの人たちは、目がイッちゃっているね」などといっていたぐらいです。これは誉め言葉だと私は受け取りました。人によっては、そういう澄んだ目をもつ僧侶たちと対面しただけで、泣き出してしまっていました。心の深いところで何かが動いたのでしょう。それぐらい彼らの瞳には惹きつけられるものがありました。「ああ、1日60分どころか、生活そして人生をすべてマインドフルネスに捧げると、人の目は、こんなにも一点の曇りもなく、澄み渡るものなのか」と、純粋に、素直に感動したものです。そしてこの体験だけであれば、「やっぱり私にはマインドフルネスを極めるのは無理だ」とあきらめていたことでしょう。

しかし、もうひとつ驚いたことがあったのです。それは昼食時にグループになって「食べるマインドフルネス」「食べる瞑想」をしていたときのことでした。各グループ共に、数名の僧侶を囲んで、共に配布されたお弁当を食べながら、マインドフルネスを実践しましょうと事前に教示されました。つまり、お弁当のおかずやご飯を、1口1口マインドフルに味わいながら、じっくりと食べる瞑想をしましょう、というのが私たちに与えられた課題でした。

私を含むクソ真面目な参加者たちは、ふだんはパクパク食べるお弁当を、おかず1つひとつを1口ずつ丁寧に味わって、じっくりと時間をかけて食べていました。「あら、こんな食べ方をしていたら、2時間はかかっちゃうわ！」と思ったことを覚えています。そのときふと「僧侶たちはどうしているんだろう」と、自分のグループの僧侶や、他のグループの僧侶を見てみたところ、なんと、彼らの多くは、お弁当を思い切りパクパク食べて、すでに食べ終えていたのです！　そしてニコニコしながら私たちがじっくりと食べている様子を見守っていました。

なーんだ！　と私は思いました。マインドフルネスって自由で楽しくていいんだ！　とそのときに気づきました。教科書通りにマインドフルにお弁当を食べるとするのなら、個々の小さなおかずをじっくりと眺め、においをかぎ、口に入れて、十分に味や食感を感じ、ゆっくりと咀嚼し、少しずつ飲み込みながら喉ごしの感覚を感じる、ということになるのでしょうが、当の僧侶たちは自分の食べたいペースで、つまりパクパクと食べたければパクパクと食べ、そのなかで十分マインドフルにお弁当を味わったのでしょう。それでいいのです。時間をかけるだけがマインドフルネスじゃないんだ、もっと好きに自由にやっていいんだ、ということを、そのときに実感として私は学びました。

さらに昼食後のエクササイズで、「歩く瞑想」を実践したのですが、そのときも僧侶たちは、「正式にはゆっくりと歩くのが歩く瞑想だが、そんなことは気にせずに、自分のテンポで自由に歩けばよい。その歩きを楽しみましょう！」といっていました。「やっぱりマインドフルネスは自由でいいんだ！　特別なことはしなくても、マインドフルネスはできるんだ！」と、私は自分に都合よく解釈し、その日から、私のマインドフルネスの実践は、適当で、自由で、かつ楽しいものになりました。それだって続けるうちに、瞳の澄み渡ったあの僧侶たちに近づけるんじゃないか、という希望をもちました。

そして、その後は、1分でも時間があればちょっとマインドフルネスのエクササイズをやってみるとか、気がついたら10秒でもマインドフルネスを意識してみる、というか、そういうやり方に変えました。そしてそのほうがずっと長続きするというか、日々、ちょこちょこでも続けてできるのです。そしてちょこちょこでも日々続けると、なんとなく毎日、継続的に、マインドフルネスに取り組んでいるような気分になれるものです。いつのまにか「劣等生だ」という気持ちは私から消えました。「優等生じゃないかもしれないけど、毎日、こんなふうに、適当に続けていればいいじゃん！」と開き直れるようになりました。

あとになって知ったのですが、瞑想やマインドフルネスには「フォーマル（公式）な実践」と「インフォーマル（非公式）な実践」というのがあって、前述の偉い先生方がおっしゃっているのはフォーマルな実践を指しているようです。私はフォーマルな実践が自分には到底できないと思って落ち込んでいたのでした。しかしインフォーマルな実践であれば、いつでもどこでもできます。気軽に自由にできます。それをマインドフルネスの最高峰であるプラム・ヴィレッジの僧侶たちが、行動と言葉で示してくれました。そしてそのようなインフォーマルな実践であれば、私たち一般の人たちも取り組みやすいようです。

本書でもこのあと、私自身の日々のささやかなマインドフルネスの実践の具体例をご紹介します。それは立派な先生のフォーマルな実践とは全く異なるものだと思いますが、だからこそ取り組みやすいものだと思います。ぜひ参考にして、皆様自身の楽しい実践につなげていってくださいね。自由に適当にやりましょう!

自動思考とのつきあい方についての話

大学3年生のときに、片思いをしていたときの恋心や苦しさを、毎晩ワープロで文章化していたら、ある日突然「私は私のこの気持ちに気づいて、大事にすればいいのだ！」と思って楽になった話は、すでにしましたね。その当時、私は認知行動療法の「自動思考」という概念を知らなかったのですが、今思えば、これは自動思考をそのまま言葉にしていたわけで、認知行動療法では、これを自動思考の「モニタリング」とか「外在化」と呼んでいます。

自動思考は英語では「オートマティック・ソート（automatic thought）」といいます。文字通りオートマティック、すなわち自動的に頭に浮かんでくる認知（考えやイメージ）のことです。それをそのまま観察（モニタリング）したり、書き出し（外在化）たりすること自体に効果があり、それらのモニタリングや外在化によって、自分の思いに巻き込まれずに距離を取れたり、気持ちが楽になったり、別の思考を思いつきやすくなったりすることが、諸研究から確かめられています。大学3年生のときの私は、そうとは全く知らずに、自動思考のモニタリングと外在化の作業を行っているうちに、つらい思いを手放すことができ、気持ちが楽になったのでしょう。

その後、認知行動療法に出会って、自動思考という概念と、それをモニタリングしたり外在化したりする効果を知った私は、自動思考を観察し、それを紙やスマホなどの媒体に書き出す作業を、日常的に行って、セルフケアをしています。ここでは私が実際に行っている方法やそのコツを紹介します。

まず重要な自動思考の特徴は、「生々しい」ということです。自動思考は実に生々しく、生き生きとしているものなんです。それをそのまま観察することがポイントです。ときに、自分でもぎょっとするぐらいのえげつない自動思考が出てくる場合もありますが、それをお上品な言葉にいい換える必要はまったくありません。お魚と同じく、「活きがよい」ほうがいいのですから。たとえば、私の頭にはときどき（いや、しょっちゅうかも）、「あーあ、やってらんねえな」とか「ざけんなよ！」とか「死ねばいいのに」（念のため書き添えますが、これは主に加害的な人や個人的に大嫌いな政治家に対してのものです）とか「もう嫌だ、逃げちまおうかな」といった自動思考が生じます。決してお上品ではありませんね。でも頭に浮かんだ思いをそのまま言葉にすると、そうとしか表現できません。それが臨場感のある、生々しい自動思考ということになります。それをそのまま取り出すのです。「あーあ、やってらんねえな」を「あらあら、私はそんなふうにはできないわ！　おほほ！」などとお上品な言葉に加工してはなりません。そんなふうに加工したら、もうそれは私のなかに生じた生々しい思いではなくなってしまうからです。

次に、生々しい自動思考には、生々しい感情が付き物です。その感情も一緒につかまえるようにしましょう。たとえば私の場合、「あーあ、やってらんねえな」と思うと、同時に「怒り」「呆れ」「嫌気」といった感情が生じることが多いです。片思いの恋心を綴っていたときの私の感情は、それこそとっても複雑でした。恋愛感情ももちろんありますし、同時にそれが成就しない悲しみや苦しさといったつらい感情もわんわん湧いてきていました。それらの感情も同時にモニタリングするのです。そうすることで、自分のそのときの体験を、より全体的に理解し、ありのままに受け止めやすくなります。

もちろん自動思考はネガティブなものだけではありません。ポジティブなものやニュートラルなものもあります。お天気がいいと、「ああ、いい天気だなあ。気持ちがいいなあ」と思って嬉しくなったりしますよね。私は近所のアパートに住み着いている野良猫たちが大好きで、そこを通り過ぎるたびに、「ネコちゃんたち、いるかな。いたらいいな」という自動思考が浮かび、期待してワクワクします（「期待」や「ワクワク」が感情ですね）。運よくネコちゃんたちに会えると、「いたいた！」（自動思考）と嬉しくなり（感情）、彼らに向かってニャーっと鳴いてみせます。ネコちゃんたちがそこにいないと、「あー、今日は会えなかった、残念だな」と思い（自動思考）、がっかりします（感情）。たかが野良猫との出会い1つとっても、ポジティブだったりネガティブだったりする自動思考が湧いてきて、それに伴って様々な感情が生じてきます。それらにそのまま気づきを向けるのです。

こうやって自動思考やそれに伴う感情にリアルタイムに気づきを向け、言葉にできるようになると、心が生き生きしてきます。1つひとつの小さくささいなことに対して、私たちの心はいちいち動きます。いい換えると、小さくささいなことに対して、その都度自動思考と感情が生じます。それにしっかりと気づきを向け、1つひとつ受け止めていくこと自体に、自分をケアする機能があるのです。

その際重要なのは、出てきた自動思考をジャッジしない、ということです。どんなにえげつない自動思考でも、出てきちゃったからには、そのまま受け止めることが重要です。自らの自動思考を断罪するようなことは決してしません。先ほど上に書いた「死ねばいいのに」なんて、かなり過激な自動思考ですが、でもそう思っちゃったこと自体を否定する必要はないのです。だって思っちゃったんだから。自動思考に罪はありません。自動思考を抱いちゃった自分にも罪はありません。「死ねばいいのに」と思うことと、「死ねばいいのに」と誰かに言うこと（これは認知ではなく行動です。行動には責任が伴います）は、全く異なることなのです。次の項で、自動思考に対するマインドフルネスの話をしますが、マインドフルネスをしようがするまいが、とにかく自動思考に責任を負う必要はありません。全ての自動思考とそれに伴う感情を、評価や判断することなく、責任を感じることもなく、「ああ、そう思っちゃったなあ」「ああ、そう感じちゃったなあ」とそのまま受け止め、受け入れます。

そうやってありのままの自動思考と感情を、リアルタイムで観察し、言語化できるようになると、ちょっと面白くなってきます。えげつない自動思考が出てきちゃったときも、それを恥じるというより、「おいおい！　なんだかすごい自動思考が出てきちゃったぞ！　私の自動思考もなかなか過激だぜ。こんな自動思考は誰にも言えないなあ。まあ、言わないけどさ」などと思うようになります。自動思考を観察すること自体が、なんだかエンターテインメントぽくって、面白くなってきちゃうんです。

そしてすでに「外在化」という言葉を先に使いましたが、言語化するだけでなく（頭のなかで言語化することも「外在化」の一種だといえますが）、外在化をさらに進めて、紙やスマホやタブレットやＰＣといった媒体に書き出す、ということをすれば、より効果的です。書き出す、というのは本当にシンプルな作業ですが、心理学の分野でも「筆記療法」「筆記開示」といった領域で長く研究が行われてきており、様々な心理的効果があることが確かめられています。私自身も長らく外在化を行っていますし、カウンセリングでも多くのクライアントに外在化の技法を教えてきていますが、これが非常に効果的であることは疑いようがありません。それはたとえば、「書き出すことでさらに距離が取れる」「書き出すことでスッキリする」「書き出すことで客観的になれる」「書き出すことでかえって忘れることができる」「書き出すことで、自分のありのままの思いを受容できる」「書き出すことで、落ち着いて別の考え方を見つけることができる」などです。これはやってみて、続けてみないと絶対にわからないことなので、読者の皆様にはぜひ体験していただきたいと思います。

私自身は、大学3年時のように、ワープロ機能を使って、日記のように自動思考をだらだら書き出していた時期がありました。ノートを用意して、ノートに手書きで書きつけていた時期もありました。そういうやり方でももちろんいいと思います。ただ、そうなると手元にＰＣやノートがないと書き出せない、ということになってしまいます。

そういうわけで、最近の私のお気に入りの外在化の媒体はスマホです。メモ帳などのアプリを使ってもよいと思うのですが、私自身は今のところ、ツイッターを使っています。私は「伊藤絵美」(@emiemi14) という実名でツイッターを行っていますが、それは公式バージョンということで、お上品なツイートしかしません。実名を使ったツイッターは、全世界に向かって発信するようなものですから、言葉を選びます。一方、私は別途、匿名のツイッターのアカウントを持っており、それには鍵をかけてしまい、フォロワーが0人の状態にしてあります。つまり私以外誰もそのアカウントのツイートを読まない設定です。そこに自動思考をそのままぶっこむのです！　私はスマホ依存気味で、いつでもスマホは手元にあるので、自動思考に気づいて、「これ、外在化したいな！」「これ、外在化しておこう！」と思ったときに、すぐに入力できます。決して誰も見ることはありませんから、どんなにえげつない自動思考でも、そのまんま言語化し、外在化しちゃいます。うまくいけば、外在化するだけでスッキリしますし、ぐるぐる思考が発生して、同様の自動思考が繰り返し生じたら、その都度、何度でも外在化します。それでぐるぐる思考が完全に止まることはありませんが、「スマホに外在化する」という行動をさしはさむことで、そして外在化することによる効果によって、ぐるぐる思考の苦しさが緩和されることは確実です。

さらに、媒体への外在化のよいところは、「あとで読み返すことができる」ということです。そのときは、その生々しい自動思考がとぐろを巻いて、「どうしてもそうとしか思えない」というどろどろの状態になることがほとんどですが、あとになって読み返してみると、「うわー、私、このとき、こんなことを思っていたんだ」とか「あれ？　今だったら、こんなふうに思わないかも」とか、「このときは、こんなふうに悲観的になっちゃっていたけど、結果的にはなんとかなったなあ」など、ちょっと冷静で客観的な反応が自分自身から出てくることがよくあります。そこまでいかなくても、「ああ、このときの私はこんなことに悩んでいたんだ」とか「ああ、そういえば、こんなことがあったなあ」など、思い出アルバムでもめくるように懐かしく思えてきたりすることもあります。自動思考のモニタリング自体がエンターテインメントだと書きましたが、外在化してあると、過去の自動思考を振り返ることもエンタメぽくなってくるのです。少なくとも楽しい暇つぶしにはなります。

というわけで、皆さま、ぜひぜひ自動思考とそれに伴う感情を、リアルタイムで観察し、紙とかスマホとかの媒体に外在化してみましょう。そして10年後に振り返って、しみじみと懐かしもうではないですか！

自動思考に対するマインドフルネスについての話

すでに書いたように、自動思考に罪はありません。自動思考とは、「こう思ってみよう」と意図的に浮かべる思考ではなく、自分の頭のなかといえども、勝手に出てきちゃう思考なんですから。勝手に出てくる思考に私たちは責任を負う必要がありません。

出てくる自動思考がポジティブなものであれば、気分も楽しくなるので、そういう自動思考はウェルカムなのですが、そうじゃない、つまりネガティブで、それが出てくると嫌な気分になる自動思考も結構ありますよね。しかもその自動思考がぐるぐるしちゃったりなんかすると（心理学的には「反すう」といいます）、どんどん気分が悪くなって、場合によっては身動きが取れなくなったりして、本当に困ってしまいますよね。前の項で書いたように、そういう自動思考をモニタリングして、外在化するだけでも、自動思考に距離を取ってそれを客観視できるなど、相応の効果はありますが、さらに効果があるのは、自動思考に対してマインドフルネスを実践することです。

マインドフルネスの定義をもう1度ここに書きます。「今、この瞬間の自分の体験に、評価や判断をすることなく、注意を向け、ありのままの気づきを受け止める」というものでした。これを自動思考にあてはめるとしたら、出てきた自動思考に対して、評価や判断を一切せずに、注意を向け、そのまま受け止める、ということになります。ただ、実はこれがそれほど簡単ではありません。私たちはどうしても自動思考の中身にひっぱられ、反すうの渦に巻き込まれやすいからです。ですから単に「自動思考に対してマインドフルネスをしよう」と思うだけでなく、イメージなどを使ったエクササイズを使うと、もっと容易に自動思考に対してマインドフルネスを活用できるようになります。以下に、私が実際に使っているエクササイズをいくつか紹介します。

空に浮かぶ雲に自動思考をタイピングするイメージ

私の別の本には、「川に流れる葉っぱに自動思考を乗せて、川が葉っぱを流す」イメージや、「空に浮かぶ雲に自動思考を乗せて、空が雲を流す」イメージ、あるいは「目の前を通り過ぎる貨物列車の荷台に自動思考を放り込む」イメージといった、自動思考に対するマインドフルネスのエクササイズを紹介しています。どれも勝手に流れていく（動いていく）何か（葉っぱ、雲、貨物列車）に自動思考をポーンと置くという意味では共通するイメージです。カウンセリングでクライアントにこれらのイメージを紹介すると、葉っぱを選ぶ人もいれば、雲を選ぶ人もいますし、貨物列車を選ぶ人もいます。つまり人それぞれです。実際に試してみて、しっくりくるイメージを選ぶとよいと思いますが、比較的自動思考がゆっくりとしたテンポで、ポツポツと出やすい人は、葉っぱのイメージが合うようです。

一方、自動思考が速いテンポで、しかも量も多めに出やすい人は、葉っぱだと間に合わなくて（葉っぱに乗せると重すぎて葉っぱが沈んじゃったり、そもそもめちゃくちゃ大きな葉っぱじゃないと乗せられなかったりする）、雲や貨物列車のほうがしっくりくるようです。

私自身は、もともと多動傾向があり、それに伴って自動思考も、次から次へと大量に素早く生じるので、葉っぱのエクササイズはあまり合っておらず（イメージのなかで葉っぱが川に詰まっちゃう）、もっぱら雲のイメージを使っています。具体的には、真っ青に澄

み渡った夏の青空をイメージします。そこに大きな入道雲がもくもくと湧き上がっていま
す。その真っ白な入道雲に、自動思考をテキスト（文字）としてタイピングして打ち出し
ていくような感じで、自動思考を外在化していきます。なにしろ巨大な入道雲なので、大
量の自動思考をタイピングしても、まだまだ余白が残りますし、その雲が文字でいっぱい
になってしまったら、空には他にもたくさんの入道雲が浮かんでいますので、見渡して、
別の入道雲にタイピングすればよいだけです。葉っぱだと私の自動思考をもちこたえられ
ないのですが、巨大な入道雲ならいくら外在化しても大丈夫です。そして時間が経って、
日が暮れて、夜になれば、入道雲も見えなくなってしまいます。そうすると自然とそれら
の自動思考ともさよならすることができます。

シャボン玉かタンポポの綿毛をフーっと吹くイメージ

自動思考に対するマインドフルネスのイメージエクササイズには、本当に様々なやり方
があり、たとえば「壺」とか「箱」とか「引き出し」に仕舞っちゃう系のエクササイズが
好きな人もいて、自分のお気に入りの壺の写真をスマホの待ち受けにして、その壺に自動
思考をどぼどぼ流し込んじゃうとか、鍵のかかる厳重な金庫のような頑強な箱に納めてし
まうとか、皆さん、自分なりに様々な工夫をします。イメージに正解はありません。好き

なようにすればいいだけです。

私自身は「仕舞う系」より、「空中に噴射する系」のイメージのほうが好きなので、よく使うのは、シャボン玉のイメージとか、タンポポの綿毛を吹くイメージです。シャボン玉遊びは、小さい頃から大好きで、今でも小さい子どもが楽しそうにシャボン玉で遊んでいるシーンを見ると、楽しくて、つい見入ってしまいます（できれば仲間に入れてもらいたい！）。そこで自動思考をシャボン玉に見立てることを思いつきました。

頭のなかの様々な自動思考を、シャボン玉を吹くように、フーっと吹くさまをイメージして、大小様々なシャボン玉が空中に浮かび、キラキラと輝き、そのうち自然に消えていく様子を見守ります。これをすると、キラキラするシャボン玉が実にきれいなのと、シャボン玉のよい匂いがするような気がするのと、そのうちシャボン玉が消えていってしまうので、あたかも自分の自動思考も自然に霧散していくかのようなイメージが持てて、とてもさわやかな気分になります。自分の頭のなかでとぐろを巻いていた自動思考が、シャボン玉となって浄化されたような感じです。タンポポの綿毛を吹くのも、それと似た感じでしょうか。自動思考を白くてふんわりとしたタンポポの綿毛に見立てて、それにフーっと息を吹きかけて、綿毛となった自動思考が空中に霧散していきます。これもシャボン玉と同様の効果があります。

うんこのイメージ

お待たせしました！（誰も待ってない）。究極のマインドフルネスのエクササイズであるうんこのイメージを使ったワークについてご紹介します。うんこのワークはクライアントたちにも大人気です。人から聞いた話ですが、子どもにもうんこのイメージは好評だそうです。子どもはうんこの話が大好きですものね。でも大人だって同じです。カウンセリングでこのうんこのエクササイズについて紹介すると、皆さん、笑顔になります。うんこの力は偉大なのです。

マインドフルネスにうんこのイメージを導入したのは、たぶん私が初めてだと思うのですが、これにはヒントがありました。蛾塚《ありつか》亮二《りょうじ》さんという精神科医が書いた『統合失調症とのつきあい方：闘わないことのすすめ』（2007年、大月書店）という本のなかに、こう書いてありました。「ところで精神症状とは自己防衛の副産物である。生きてストレスを浴びるたびに精神症状は産出されるのだから、精神症状とはウンコのようなもの。だから、それを止めようとか、消そうとか、撲滅しようとか考える筋合いのものではない。

精神症状とウンコはひたすら流すのが正しい。幻聴も闘わないで流しっぱなしにするのが正しい」（36ページ）。

これを読んで「なるほど」と思うのと同時に、これは精神症状だけでなく、自動思考全般に当てはまることではないか、と思い当たりました。自動思考だって、生きているなかで自然と産出される現象なのだから、精神症状と同様に、うんことして流しちゃえばよいのです。そういうわけで、うんこのイメージを使った自動思考に対するマインドフルネスのエクササイズを案出し、本に書いてみたら、大きな反響をいただき、あらためて「皆、うんこ話が大好きなのだな」と思い至った次第です。

皆さん、毎日、あるいは数日に1度、あるいは1日に何度か、うんこをするかと思いますが、その際、どうしていますか？　ほとんどの方が、確認はすると思います。「どんなのが取れたかな？」。私にはＩＢＳ（過敏性腸症候群）という持病があり、自分の病状を知るためにも、軽く観察して確認はします。そしてお尻のケアをして、あとは立ち上がってトイレのレバーを押すだけです。そうするとトイレの機能が勝手にうんこを流してくれます。それを「さよなら～！」と思いながら見送ります。

たいていの方が私と似たようなものだと思います。つまり出ちゃったうんこを身体のなかに戻そうとしたり、「なんでこんなの出しちゃったんだろう」とうんこを睨みながら悩んだり、うんこのなかに手を突っ込んで触りまくったり、1日中トイレにこもって出したうんこを眺め続けたりする人はいないわけです。あるいはトイレから出た後、1日中、「今日のうんこはああだった。こうだった。じゃあ、明日はこういううんこをしてみよう」などとうんこについて考え続けることもないでしょう。

自動思考もうんこも、「自分のなかから確かに出てきたものである」という意味では同じです。確かに自分から出てきたものですが、どんなものがどういうふうに出てくるか、ということは自分の意思で決めることはできません。勝手なものが勝手に出てきちゃう、というのが自動思考とうんこの特徴です。ですから、自動思考についてこだわり続けず（それをやるときりのない反すうにつながっていく）、自動思考をうんこに見立てて、「あーあ、今日は大量に出ちゃったなあ」などと思いながら、トイレに流してもらっちゃえばいいのです。

そしてお腹をこわしちゃったときなどがそうですが（ＩＢＳの症状として、お腹をこわすことはよくあります）、うんこをしても、またすぐに次のうんこが出てくることがありますよね。そういう場合、「よし、今日はもううんこは出さないようにしよう」などとは思わずに、あきらめてトイレに行って、次のうんこをしますよね。自動思考についても全く同じです。トイレで流しても、次から次へと自動思考が浮かんでくる場合は、「ああ、もう、しょうがないなあ。今日はお腹をこわしちゃったようなものだ」とあきらめて、再度、トイレをイメージし、うんこをして、流しちゃえばいいのです。「そんなの、きりがない！」と嘆く人がいますが、うんこは毎日、きりがなく出ますよね。うんこも自動思考もきりがないのです。だからこそ、それを受け入れて、必要な限り、トイレに行き続けるのです。

うんこの話につい熱くなってしまいました（笑）。でも、これは自動思考に対するマインドフルネスのエクササイズとして本当に役に立つので、ぜひ参考にしてもらえると嬉しいです。ときどき「雲のワークと、シャボン玉のワークと、うんこのワークをどう使い分けているのですか？」という質問を受けますが、私の場合、特に熟考して使い分けるようなことはありません。その日、そのときの気分で、「うんこにしちゃおう」「雲に乗っけよう」「シャボン玉を吹いちゃおう」と適当に決めているだけです。そのぐらいの適当さで構わないと思いますので、ぜひ皆さん、ご自分なりのエクササイズを見つけていただき、継続して実践してみてください。

うんこにしようか
雲に乗っけるか
シャボン玉にするか

マインドフルネスの普段使いについての話 その1

マインドフルネスは日々実践して、普段使いするところに、その価値や効果が発揮されます。カウンセリングでもクライアントにマインドフルネスを紹介し、セッション中に一緒に練習したりもするのですが、重要なのは、クライアントがご自身の生活のなかでマインドフルネスを習慣化して、普段使いできるようになることです。その際、私自身がどのようにマインドフルネスを実践しているかを具体的に紹介し、参考にしてもらうことがよくあります。前にも書いた通り「1日60分座って瞑想する」というフォーマルなマインドフルネスはハードルが高いのですが、私が普段やっているようなこと（インフォーマルなマインドフルネス）であれば、その気になれば誰にでもできます。自動思考に対するマインドフルネスは前の項に書きましたので、ここではそれ以外の私の実践について紹介します。

リマインダーを用意する

そもそもマインドフルネスを実践すること自体、忘れちゃうことが多いんですよね。忘れちゃうというより、思い出せない。そこで、リマインダーを用意することが非常に役に立ちます。私は手帳を使ってスケジュール管理をしているので、手帳に赤字で「マインドフルネス」と書いたポストイットを貼りつけたりしていました。また小銭入れにも「マインドフルネス」と書いた小さなメモを入れておきました。一時期はパスケース（パスモやスイカを入れるケース）にも「マインドフルネス」と書いた小さな紙を貼っておきました。さらに、これは今でもやっていることですが、スマートフォンの予定を知らせるアプリにも、「マインドフルネス」という言葉が毎日画面に出てくるように設定してあります。このようにリマインダーを複数用意して、「マインドフルネス」という言葉を1日に何度も目にするような環境を設定することで、マインドフルネスそれ自体を頻繁に思い出すことができ、それが日々の実践につながり、いつのまにか習慣化していきます。私自身は、マインドフルネスが完全に習慣化したと思えるまで2年かかりました。習慣化されたマインドフルネスのスキルは一生ものだと思いますから、2年でも3年でも、いくらでも時間をかけて、続けてみるとよいでしょう。

食べるエクササイズ

食べるマインドフルネスのエクササイズとしては、レーズン・エクササイズ（1粒のレーズンを、五感を使ってじっくりと味わう）が有名です。1回のレーズン・エクササイズにかける時間は、最低でも10分ぐらいでしょうか（長くかけるぶんにはいくらでもかけられます）。その気になれば60分かけてレーズン・エクササイズができるでしょう）。レーズンを1袋買って、毎日10分かけて1粒のレーズンでエクササイズをするのでもよいのですが、日々の忙しい生活のなかで、レーズンに10分の時間を割くのももったいなく感じてしまうのが正直なところです。そもそも私は多動傾向があるので、じっくりと時間をかけて何かに取り組むこと自体が苦手です。

しかし毎日複数回、私たちは食事をとるのですから、その食事時間の一部をマインドフルネスに使わない手はありません。1食全てをマインドフルに食べるとなると、めちゃくちゃ時間がかかりますので（1度、品川から新幹線に乗って、ひとパックのサンドイッチを、めちゃくちゃマインドフルに食べたら、その最中に名古屋に到着したことがあります。でもそんなこと、日々の生活ではできませんよね）、食事のほんの一部、もっといえば、たった1口ぶんだけをマインドフルネスのエクササイズにしてしまうのです。

食事の1口ぶんを、最初の1口にするか、途中の1口にするか、最後の1口にするか、というのは決めてしまった方がいいと思います。私もそうですが、多くの人は、最初の1口をマインドフルに食べるのは苦手です。なぜならお腹が空いているからです。お腹がペコペコに空いているときに、最初の1口にじっくりと時間をかけるのは、非現実的だし、かえってストレスになります。なので、途中の1口か、最後の1口をマインドフルに食べることにしてしまえばよいでしょう。私は途中の1口にしています。おかずの1口でもいいし、みそ汁の1口でもいいし、お新香の1口でもいいし、ご飯の1口でもいいし、何でもよいのです。何か1口食べるときに、すぐに口のなかに放り込むのではなく、その1口のおかずを、目でよく見て、じっくりとにおいを嗅いでから、ゆっくりとした動作で口に入れて、すぐに嚙まずにその食感を口のなかで味わい、ゆっくりと咀嚼して味やにおいを堪能し、堪能しきったら飲み込みはじめ、その喉ごしを感じ、口のなかからその食べ物が消えてなくなっても、その余韻を感じます。

このエクササイズをすると、日々の食事において、自分がいかに、口のなかの食べ物がなくなる前に、次の1口を口に放り込んでいるかということを痛感します。日々の食事では、口のなかに適当に食べ物を入れて、適当に噛んで、適当なところで飲み込み始め、まだ飲み込みきる前に（つまりまだ口のなかに食べ物が残っているときに）、次の1口を口のなかに放り込むというように、実に適当に食べているのです。そういう適当な食事のなかで、1口だけ、意識してマインドフルに食べてみるのです。「ああ、今、私は食べ物を大事に食べているんだなあ」という実感というか充実感を得られます。「普段からもっと大事に食べ物を味わおう」とも思います（すぐ忘れちゃいますが）。

おやつで食べるスイーツとかおせんべいなども、マインドフルネスのエクササイズにはうってつけですね。チョコレートのひとかけとか、1枚のクッキーとか、あられを1個とか、レーズン・エクササイズと同様に、じっくりとマインドフルに食べてみます。マインドフルに食べると満足感が得やすいので、食べ過ぎ防止にもなります。

ときどきやるのが「氷のマインドフルネス」です。冷凍庫に常備してある氷を1個だけ取り出して、その冷たさを指で感じながら目で氷を観察したら、それを口のなかに放り込みます。氷の冷たさや硬さを口のなかで感じつつ、溶けていく氷の味を舌で感じます。氷ってよくよく感じると、結構甘いんです。その甘さを味わいます。そして溶けて冷たい液体になった氷（というか水）を少しずつ飲み込み、その冷たさを喉で感じます。口のなかで徐々に氷が溶けて小さくなっていき、そのうち消えてなくなってしまう様子もじっくりと感じます。氷が口からなくなっても、冷たくて爽やかな感じが口のなかに残っているので、その余韻をしばらく楽しみます。氷ならカロリーがなくて太る心配をしなくて済むので、いいですよね。朝、眠くて頭がぼんやりしているときにこれをやると、目が覚めていいですよ。

こんなふうに、毎日の食事やおやつ、常備している氷を使って「食べるマインドフルネスのエクササイズ」を日常的に実践することができます。日々、私たちは定期的にものを食べているので、習慣化すれば、忘れることもありません。

ちなみにこの「食べるエクササイズ」はバーチャルでも行えます。拙著『自分でできるスキーマ療法ワークブック』では「バーチャル味噌汁エクササイズ」というマインドフルネスのワークを紹介しています。自分の好きな出汁（かつおやいりこ、出汁パックとか）、味噌（白味噌、赤味噌、合わせ味噌とか）、具（わかめ、豆腐、ネギ、なめこ、油揚げ、なす、等々）、お椀、お箸をイメージして、イメージのなかでその味噌汁をじっくりとマインドフルに味わいます。

これはいくらでも応用できますね。私がよくやるのは「バーチャル・ケンタッキー・フライドチキン・エクササイズ」です。私はケンタッキーのフライドチキンが大好きなのですが（特にあばらの部分）、そうしょっちゅう食べるわけにはいかないので（お金の問題とかカロリーの問題とか栄養バランスの問題とかで）、代わりにバーチャルで、つまりイメージのなかでケンタッキーのフライドチキンを味わうのです。

あの独特のスパイスのにおい、手に持ったときのどっしりとした重量感、ジューシーな皮や身の部分の美味しいこと、骨の周りのカリカリしたところを歯で削って食べたり、食べるうちに両手が油まみれになってべとべとしてきたのをおしぼりで拭いたり、そんな細かいシチュエーションもありありとイメージします。私がバーチャルで食べるのは、あばらの大きな部分なので、1個食べるとかなりの満足感があります。本当に「ああ、美味しかった！」と感じるのです。こんなふうに実際に食べなくても、「食べるマインドフルネス」は可能です。面白いのは、ありありとイメージしてバーチャル食べ物エクササイズをすると、かならず口のなかが唾液でいっぱいになることです。今もこうやって書きながら、ケンタッキーのフライドチキンの風味が口のなかでイメージされ、唾液がたくさん出てきています。ああ、楽しい！

バーチャル食べ物エクササイズも、いくらでも応用できます。私がもう1つ頻繁に実施するのは、過去に食べた美味しかった料理を思い出して、それを再度イメージのなかで味わうことです。私は煮魚が苦手なのですが、とある旅館の朝食に出てきた「金目鯛の煮つけ」がめちゃくちゃ美味しくて、普段なら丸々残してしまうというのに、完食してしまったことがありました。自分でもびっくりです。そして時々、「あの旅館の朝ごはんの金目鯛の煮つけは美味しかったな」となつかしく思い出すだけでなく、そのときの煮つけの様子をありありと想起して、イメージのなかでにおいを嗅ぎ、箸を持って、その煮つけをじっくりと味わいます。ああ、やっぱりこれを書きながら、今、私の口のなかは唾液でいっぱいになっています。その唾液すら、マインドフルに楽しく味わえばよいのです。

なお、今まで書いてきたことは、飲み物にも完全に応用できます。ふだん何気なく飲んでいる水、お茶、コーヒー、紅茶などをマインドフルに味わう、というのは、簡単にできそうですね。面白いことに、多くのクライアントが、水をマインドフルに味わうと、不思議に水が甘く感じられるとおっしゃっています。ぜひ試してみてください。

あらら、食べ物と飲み物だけで、紙幅が尽きてしまいました。次の項で、それ以外のマインドフルネスの普段使いについて引き続き紹介します。

マインドフルネスの普段使いについての話 その2

私が日常的に実践しているマインドフルネスのエクササイズについて、さらに紹介していきます。

触るエクササイズ

私たちは常に何かを手に取ったり、手や指で自分の身体や何かの物を触ったりしています。その手や指の感触に注意を向け、その感触をそのまま味わうのが「触るエクササイズ」です。身の回りのものや自分の身体に手で触れまくって、その手の感じを感じまくるのです。前にも書いた通り、私は多動傾向があるので、じっとしたままのエクササイズより、こういう動きのあるエクササイズのほうが向いているようです。

自分の身体や身にまとっている服を触るのは簡単ですね。右手を左手の甲に当てて、甲の皮膚や骨の感覚を味わいます。左手を右の肩に置いて、肩が凝っているのを手のひらで感じます。両手を太ももの上に置いて、軽くさすってみます。さすりながら、着ている服の布の感覚や、太もものまあるい、あるいはゴツゴツした感じを味わいます。頭に手を当てます。湿気を含んでべたついている、あるいは乾燥してバサバサしている髪の毛の感覚を味わいます。ほっぺたに手のひらを当てます。ほっぺたのぷにぷにした感覚を味わいます。こんなふうに、自分で自分の身体の様々な箇所に触れながら、1つひとつ感じていきます。これだけでも結構楽しいです。

次に、身の回りの物に触ります。たとえばスマホ。床に落っことしてできちゃった画面の傷の感触を確かめます。目の前のテーブルやデスクに手を置いて、その感触を味わいます。今私はカフェでこの原稿を書いていますが、カフェの木のテーブルは、触るとひんやりとして気持ちがいいです。今飲んでいるホットコーヒーのカップを指で触れてみます。その熱さを指先で感じます。今度は水が入ったコップを触ります。冷たくて、水滴がついています。それを感じます。水滴がついた手を拭くために、紙ナプキンを触ります。手を拭きながら、紙ナプキンの乾いた感じやざらついた感じを味わいます。

触り心地のよい物にあえて触れてみるのもいいですね。たとえばタオルやハンカチ。ふかふかしたりすべすべしたりしていて気持ちがいいです。スカーフとかショールも触ると気持ちがいいですね。あとは毛布とかクッションとかも。ぬいぐるみをなでて、なで心地を感じるのも気持ちがよいものです。

こんなふうに、手と指を使って、いろいろな物を触って感じるだけで、十分マインドフルネスの実践になるのです。面白いですね。

においを嗅ぐエクササイズ

物のにおいをいちいち嗅いで、そのにおいを感じて味わう、というエクササイズもお気に入りです。食事のとき、食べ物を口に入れる前に、いちいち鼻先に持っていって嗅ぐと、より繊細にその食べ物のにおいを味わうことができます。料理をするときに、野菜とか肉とか魚とかの食材のにおいや、様々な調味料や香辛料のにおいを、いちいち嗅ぐのもいいですね。出汁のにおいとかにんにくのにおいも、くんくん嗅ぐととっても楽しいです。

食べ物屋さんの前を通るときに、においを嗅ぐのもいいですね。自宅の近所に美味しくて有名なうなぎ屋さんがあります。いつも混んでいるし、そんなに頻繁にうなぎを食べたいとも思わないので、そのお店でうなぎを食べるのは年に1、2回程度ですが、買い物の行き帰りにしょっちゅうそのうなぎ屋さんの前を通ります。その際、お店からふわふわと漂ってくる、タレをつけてうなぎを焼いている甘くこうばしいにおいをくんくん嗅ぐのが楽しみです。その隣には担々麺のお店があるのですが、その前を通ると辛そうな、そしてにんにくたっぷりの汁のにおいを嗅ぐことができます。さらにその近くに鶏のから揚げのお店があって、揚げたてのから揚げのいいにおいが漏れ出てきます。もう少し歩くと、インドカレーのお店があって、いつも美味しそうなスパイスの香りが漂ってきます。歩きながら、それらのにおいをくんくんと嗅ぎ続けます。これも立派なマインドフルネスです。

何にでもにおいはありますから、「においを嗅ごう」とさえ思えば、いつでもどこでもにおいのマインドフルネスは実践できますね。取り入れた洗濯物のお日様のにおい。花のにおい。花屋さんでくんくん嗅ぐのも楽しいですし、買ってきた花のにおいを嗅ぐのもいいですね。家で花やハーブを育てている人であれば、いつでもにおいを嗅げますね。よその家の庭で花が咲いているのを見つけると、こっそりとにおいを嗅いでしまいます。クチナシとかキンモクセイとかバラとか、とってもいいにおいです。

アロマオイルのにおいを嗅ぐのも大好きです。お気に入りの香りのボトルをいつも持ち歩いているので、気が向けばにおいを嗅ぎます。アロマオイルをハンカチににじませて持ち歩くこともできます。家や職場にはたくさんの種類のアロマオイルを置いてありますので、気分に合わせてにおいを嗅ぎます。リラックスしたいときはラベンダーやカモミール、リフレッシュしたいときはレモングラスやベルガモットとか、華やかな気分になりたいときはイランイランやゼラニウム。お気に入りのアロマショップに行って、新たな香りを探索するのも楽しいですね。

うちには残念ながらいませんが、ペットのいる人は皆、ペットのにおいを嗅ぐのが好きだとおっしゃいます。好きな人のにおいを嗅ぐのも、もちろんOK。子どもの髪の毛のにおいを嗅ぐのが好きな人もいらっしゃいますね。

においを嗅ぐと、世界が豊かに、そして立体的になる感覚が私にはあります。頭ではなく、身体で世界とかかわる感じがあって、「自分は、今、生きている」という感覚が強くもてるのです。だから、ぐるぐる思考にもっていかれているときなどにも、においを嗅ぐと、ぐるぐる思考から離れて、自分自身の身体に戻ることができるので効果的です。

歩くエクササイズ

しつこくて恐縮ですが私は多動傾向があるので、じっと座ってマインドフルネスのエクササイズをするより、歩きながらのエクササイズのほうが断然性に合っています。マインドフルネスのテキストを読むと、「ウォーキングエクササイズ」とか「歩く瞑想」が紹介されていて、「あえてゆっくり歩いて、その体感をじっくりと感じましょう」と書いてあることがよくあります。もちろんそれもありだと思います。あえてゆーっくりと歩いて、身体の重み、足の裏の感覚、つま先が上がるときの感覚、かかとがつくときの感覚、重心が左右に移動する感覚などをありのままに感じるというのが、「じっくりバージョン」の歩くエクササイズです。

これはこれでやってみると結構面白いですし、「1口で歩くといっても、そこには実に様々な感覚があるんだな」という気づきにもなりますが、なにしろ傍から見ると妙ですし(ちょっとロボットっぽい)、人ごみのなかでこれをやると他の人にぶつかったりして危険です(ということは、1人でいるときにやるぶんにはOKということですが)。というわけで、私は外で歩くときには、いつも普通に歩いているテンポのまま、自分の歩きを全身で感じる、というエクササイズをやっています。歩きながら、足（足の裏、つまさき、かかと、土踏まず）の感覚を確かめ、風を切るのを感じ、1歩ごとに身体が弾むのを感じ、左右のお尻の動きを感じ、ついでに膝が痛むのを感じ（数年前から膝を少々痛めております）、歩きながら自然と両手を交互に振っているのを感じます。ちょっと意識して地球の重力を感じようとしたりもしています。

とにかく歩くときは歩くことに集中します。スマホを見ながら歩くなんてもってのほかです。そもそも、スマホなんか見なくても、歩いているうちに、勝手に自動思考が出てきて、考え事を始めてしまうことがよくあります。そういうときは、「あ、いけない！　私は、今、歩いているんだった！」と気を取り直して、歩いていることに集中を戻すように努めます。ところが、また数歩歩いているうちに、次の自動思考が出てきて、次の考え事が始まってしまうのです！　私は、この「歩くエクササイズ」に取り組むようになって、自分の集中力がいかに続かないか、ちょっと気を抜くといかに考え事を始めてしまうか、を痛感しました。これはきりがないのですが、そうやって再び考え事を始めてしまった自分に気がついては、歩行への集中に戻る、また数歩歩くと考え事が始まる、それに気づいてまた歩行への集中に戻る……ということを延々と繰り返すしかありません。でもそれでいいのだと思います。集中できない自分を反省したり責めたりすることなく（「評価しない」「ジャッジしない」というのがマインドフルネスでしたね）、「ああ、きりがないなあ」と思いながら、気を取り直して、歩行に注意を戻し続けるのです。それはそれでちょっと面白かったりもします。

家事のエクササイズ

最後に家事に対するマインドフルネスのエクササイズについて紹介します。私は基本的には家事が大嫌いです。他に誰もやってくれる人はいませんし（もちろん同居する夫とはシェアしていますが）、生きるためにはせざるを得ないので、嫌々やっているだけです。

しかし、しかし、しかーし！　マインドフルネスを学び、だいぶ習慣化することに成功した私は、あるときふと、「そうだ、家事もマインドフルネスを意識してやってみればいいんじゃね？」と思いつきました。そして色々と試してみました。たとえば食器洗い。洗剤のにおい、スポンジの触り具合、食器の形や重さ、こびりついた油、食べ物の残りかす、蛇口から流れ出るお湯の勢いや温かさ。そういうものを1つひとつ、評価や判断をせずに、単に「ふーん」と受け止め、感じながら、洗うようにしてみました。すると、驚いたことに、食器洗いがそれほど嫌な感じではなくなってしまいました。これは大きな発見でした。

そういうわけで、特に苦手な家事に対して（洗濯物を干すとか畳むとか、トイレ掃除とか）、もれなくマインドフルネスを意識しながら行うようにしたところ、それらの家事が大好きになることは決してありませんし、「めんどくさいなあ」「やりたくないなあ」という自動思考が浮かんでこなくなることはないのですが、少なくともそれらの家事に伴う不快感は大幅に減ったのです。この「家事のエクササイズ」についてはライフハックとして、ぜひ皆さんにも試してもらいたいと思います。

以上、私の主たるマインドフルネスの普段使いについて紹介しました。ただ、１つだけ紹介しきれていないものがあります。それは「呼吸のエクササイズ」です。呼吸については、マインドフルネスのみならず、様々な取り組み方があります。それについてはまたあとの項で紹介しましょう。

足の裏、つま先
かかと、土踏まずの
感覚を確かめながら歩く

ネガティブな刺激に対するマインドフルネスについての話

これまで、自動思考、食べる、飲む、触る、においを嗅ぐ、歩く、家事、といった対象に対するマインドフルネスのエクササイズを紹介してきました。それらの多くがもともと快適でポジティブな刺激をじっくり感じようとするものでした。好きな食べ物や飲み物とじっくり向き合うというのは、とてもやりやすいマインドフルネスのエクササイズです。アロマオイルの香りを嗅ぐのも、触り心地の良い布を触るのも、それだけで気持ちが良いものです。家事については、従来は私にとっては不快な作業でしたが、マインドフルに家事をすることで不快感が薄れ、場合によっては楽しくなったりしています。

ではもっと不快でネガティブな刺激に対してマインドフルネスを実践してみたらどうなるでしょう？　マインドフルネスが「評価や判断をしない」ものであるとしたら、対象を

「快／不快」「ポジティブ／ネガティブ」と評価したりジャッジしたりすること自体が、そもそもマインドフルネスに反しますよね。

これは別の本（『ケアする人も楽になるマインドフルネス&スキーマ療法』Book1）で具体的に紹介したので、ここでは詳しくは書きませんが、私たちのオフィスのスタッフと行う内部研修会で、「嫌悪刺激に対するマインドフルネスのトレーニング」というものを実施してみました。具体的には、以下の4つの対象に対してマインドフルネスを試みました。

1）くさやのにおい（「くさや」とは知る人ぞ知る魚の干物。くさい食べ物の代表格で、そのにおいはしばしば「排泄物」と評される）。
2）発砲スチロールを爪でギーッとひっかく音。
3）強烈に酸っぱい黒酢を飲む。
4）ゴカイを触ったりちぎったりする、また自らの指をゴカイに噛ませる（ゴカイとは、魚釣りをするときに餌に使う小さな生き物で、小さなミミズのような形状。ちぎると嫌な色の液体が出てくる。牙をもっており、噛まれるとチクッとする）。

結論からいうと、マインドフルネスの効果は劇的でした。どれも最初は「嫌だ〜！」と叫びたくなるぐらい不快な体験なのですが（というか、実際に叫んでいた人もいました）、「今、この瞬間の自分の体験に、評価や判断をすることなく、注意を向け、ありのままの気づきを受け止める」というマインドフルネスの定義に沿って、においを「すぅぅぅぅっ」と鼻で無心に吸い込んだり、音を「すぅぅぅぅっ」と耳に入れ続けたり、「ぎゃー！ゴカイ、怖い怖い怖い怖い」と思いつつ、ゴカイたちを「すぅぅぅぅっ」と指で触ったりしているうちに、あら不思議、次第に心も「すぅぅぅぅっ」と落ち着いてきて、無心でにおいを嗅いだり、音を聞いたり、味を感じたり、手で触り続けたりすることができるようになってしまったのです。最初にあった嫌悪感や不快感はすっかり消えてしまいました。これには本当に驚きました。そしてポジティブなことだけでなく、ネガティブなことにもマインドフルネスを適用できることを、身をもって学んだのです。

この研修会での体験の後、私はネガティブな刺激に対するマインドフルネスを意識して実践するようにしました。たとえば苦手な食べ物に対するマインドフルネス。「嫌い」「苦手」「まずい」と決めつけていた食材や料理を、あえてマインドフルに、五感を働かせて食べてみると、結構美味しく食べられることに気がつきました。それによって大好きになったりはしませんが、その味や食感をそのまま感じて、受け入れることができます。「見るのも嫌だ」という対象に対しても、それに遭遇しちゃったときに、あえてマインドフルに観察するようにもしています。それはたとえば、道を歩いているときに、たまに遭遇する吐瀉物（いわゆる「ゲロ」）に対して。一瞬、目を背けたくなりますが、「あ、そうそう、嫌悪刺激へのマインドフルネスとしては、すばらしい課題に出会った！」と思い直して、目を見開いて観察するようにしています。汚い話で恐縮ですが、「あ、赤い色をしている。トマトソースかな」とか「麺がいっぱい混じっているな。ラーメンでも食べたのかな」などという感想（自動思考）が出てきます。

あとは多くの皆さんが（もちろん私も）大嫌いな、ゴキブリの画像や映像。これまでだと、テレビやインターネットでゴキブリが動く姿を見ただけで、「あ～嫌だ！　怖い！」と思って、目を背けたり画面を変えたりしていたのですが、今はこれもマインドフルネスの訓練だと思って、じっと観察するようにしています。「あれ、思ったより気持ち悪くない」「しょせんゴキブリも昆虫じゃん。コオロギと変わりないじゃん」といった自動思考が出てきたりします。道を歩いているときに、ゴキブリがガサゴソと歩いているのを目撃することがたまにありますが、そういうときも今ではじっとゴキブリの姿や動きをマインドフルに観察することができるようになりました。ときにその姿や動きを、ちょっと可愛らしく感じてしまう自分がいます。

とはいえ、ゴキブリが実際に自宅やオフィスに出現したら嫌ですよね。生きたゴキブリが元気いっぱいに出現したら、それを心穏やかにマインドフルに観察するなんてことは、私には絶対に無理です。屋内でゴキブリが生きて動いていたら、ただひたすら怖いし不快です。そういうわけで、自宅やオフィスには「コンバット」が置いてありますし、それでもなお実際にゴキブリが出現することがたまにありますが（コンバットの効果か、たいていヨロヨロしている）、そういう場合はまずは「ゴキジェット」で抹殺します。これでもかとゴキジェットから毒薬を噴出させて、まずは完全にお亡くなりになってもらいます。そうやって、「もう絶対に動かない」という状態を確保してから、マインドフルネスを発動させます。つまり仰向けになったゴキブリの死骸を、目を見開いて、まじまじと観察します。動かないのであれば、わりと落ち着いて、「ふーん」とマインドフルに見ることができます。そしてティッシュを何枚も手に取って、その死骸を手でつかみます。その感触（何か硬いものをつかんでいるという感じ）もマインドフルに感じます。そしてゴミ箱に放り込みます。このように、死んだゴキブリならマインドフルに対峙できるのです。

話は変わりますが、私には「集合物恐怖症（トライポフォビア）」（小さい穴の集まりやブツブツしたものを見ると恐怖や嫌悪を感じる）という弱点があります。インターネットで検索していただくと、山のように画像が出てくると思いますので、よろしければググってください。小さい穴が無数に集まっている様子は、私にとって非常に怖いというか気色悪いというか気持ち悪くて、もうこれは理屈ではなく、「嫌だ」としかいいようがありません。そういうのを見ると実際に身体がゾッとして鳥肌が立ちます。しかし、これも「ネガティブな刺激に対するマインドフルネス」を意識して実践するようになってからは、あえてじっと見るようになりました。ときにネットで検索して、自ら積極的に見にいくようなこともあります。

面白いことに、見るたびにゾッとして鳥肌が立ち、気持ち悪く感じることは全く変わりません。「慣れ」が来ないのです。家事と違って、マインドフルに観察するうちに、不快さが減ったり、面白いと感じたりすることはありません。しかし、それらの「ゾッと」とか「鳥肌」とか「気色悪さ」とか「怖さ」自体を、そのまま「あー、ゾッとするなあ」「あー、鳥肌が立っているなあ」「あー、怖いなあ。気色悪いなあ」とそのまま感じながら、見続けることはできます。するとそれ以上不快になることはありません。マインドフルネスによって持ちこたえることができるのです。これはこれで面白い体験です。

もう1つ、マインドフルネスに出会って大きく変わったのは、ネガティブな身体感覚との付き合い方です。特に「痛み」と「かゆみ」に対する向き合い方が変わりました。痛みについていえば、私はかつて頭痛持ちで、しょっちゅう頭が痛くなっていました。そして頭痛を感じるたびに、「あ、頭が痛い。薬を飲まなきゃ」という自動思考が生じ、その自動思考に従って、即座に頭痛薬を服用していました。いつでもどこでも飲めるように、頭痛薬を持ち歩いていました。「頭が痛いのはよくないこと」→「だから痛みはとっとと消さなければならない」→「そのためには薬を飲まなければならない」と思い込んでいました。そしてその思い込みに対して何の疑問も抱いていませんでした。

ところがマインドフルネスを学ぶうちに、「痛みはただ痛みでしかない」という考え方に出会いました。これは目から鱗でした。私のなかでは「痛み＝よくないこと」という評価や判断が当たり前のようにあったのですが、どうやらそうではないようなのです。痛みを瞬時にマインドレスにジャッジしていたことに気づいた私は、「頭痛はただ頭痛でしかないと考えて、頭痛をマインドフルに受け止めて観察し続けたら、どうなるのかな？」という疑問というか好奇心が湧きました。そして頭痛が出てきてもすぐに薬を飲まずに、様子を見ることにしました。すると驚いたことに、頭の痛みをただ痛みとして受け止め、感じ、観察しているうちに、数分あるいは数十分すると、自然とその痛みが軽くなったり消滅したりしたのです。「なんだ、薬なんか飲まなくたって、痛みは消えるじゃん！」と拍子抜けしてしまいました。

前の私は「頭が痛いのはよくない。頭が痛いと仕事に集中できない」などと、思い込んでいましたが、よほど強烈な頭痛でない限り（そして私の頭痛は実際そこまで強烈じゃない）、頭痛をマインドフルに受け止めたまま、仕事に集中したり趣味を楽しんだりすることは可能だったのです。そういうわけで、服用する頭痛薬の量が劇的に減りました。今では1年で数錠しか服用することはありません。

身体のかゆみに対しても、痛みと同様の対応を心がけています。背中や頭がかゆかったりするときに、すぐに搔くのではなく、数秒間、または数十秒間、搔くのを我慢して、そのかゆみをマインドフルに感じてみようとします。かゆみには痛みとは異なる、独特の感じがありますよね。不快というより、むずむずするというか、ぐぬぐぬするというか、とにかく「今すぐこの手で搔きむしりたい！」という強烈な欲望が芽生えます。その欲望も含めて、マインドフルに受け止めようとしてみるのです。これはちょっとしたゲーム感覚で取り組めて、なかなか面白いです。「さあ！　私はこのかゆみを何秒感じ続けられるでしょうか！　1、2、3、4、5……」と数を数えたりもします。頭痛と同じで、そのうちにかゆみが消えていくこともありますし、かゆみに耐えられなくなる場合もあります。というか「掻きたい」という欲望が強すぎて、我慢できなくなる場合があります。その場合は「かゆみに対するマインドフルネス」を停止して、思い切り掻きむしります。かゆいところを掻くと気持ちがいいですよね。その気持ちよさをマインドフルに感じる方向にシフトするのです。

以上、ネガティブな刺激に対するマインドフルネスについて、私自身の実践を紹介しました。ネガティブを「ネガティブ」と評価や判断するのではなく、あえてマインドフルに対応するようになると、自分の体験の幅がぐっと広がり、今まで単に嫌がっていたことがかえって面白くなってくるということが伝わったでしょうか。ぜひ皆さんも、ご自身で体験してみてください。

呼吸に親しみ、呼吸と仲良くすることについての話

マインドフルネスについて、延々と述べてきましたが、マインドフルネスの王道といえば、「呼吸」です。とはいえ、「マインドフルネス呼吸」にも、文献やテキストを読むと、様々なやり方があり、一筋縄ではいかないことがわかります。私自身は、「マインドフルネス呼吸」をするときは、とにかく自然呼吸を続け、呼吸をコントロールしないことを心がけています。そして呼吸をするたびに、その呼吸を「よい」とか「悪い」とか判断することなく、どんな呼吸であれ、それに注意を向けて、観察し、身体が呼吸をするのに任せるようにしています。呼吸から注意がそれてしまったことに気づいたら、それについても「ダメだ」などと評価せず、「あ、それてしまったな。呼吸に注意を戻そう」と思って、その通りにするだけです。「マインドフルネス呼吸」を行っているうちに、たいていは、呼吸が深くゆったりしたものに変わっていきます。それはとても気持ちのよい呼吸ですので、

それを味わい、楽しみます。

このような「マインドフルネス呼吸」だけを集中して続けてもよいのですが、認知行動療法では、伝統的に「リラクセーションのための呼吸法」が使われており、私もマインドフルネスに出会う前は、そちらの呼吸法をもっぱら行っていました。こちらは呼吸をコントロールします。基本は「息を吸うときは鼻で」「吸ってから少し止める」「息を吐くときは口から、細く長く」というものです。数を数えながら行っても構いません。たとえば4つ数えて吸い、4つ数えて止め、8つ数えて吐く、といったものです。この呼吸法はそのままストレスコーピングとしても使えます。ストレスを感じたら、このような呼吸法を即実施して、緊張をやわらげるのです。

このように呼吸こそ、マインドフルネスの王道でもあるし、時間とお金のかからないストレスコーピングでもあるので、普段の生活で呼吸を意識的に活用しない手はありません。どんなに体調が悪くても、どんなに気持ちが落ち込んでいても、呼吸だけはしています。いつでもどこでも、生きている限り、私たちは呼吸をしています。その呼吸に親しみ、呼吸と仲良くするという取り組みを、私の場合、もう30年以上実施していることになります。

上記のやり方以外にも、自分なりの呼吸法を開発して遊んだりもしています。それをここで紹介しましょう。

待ち時間呼吸法

これは私が1番重宝している呼吸法です。「呼吸法を日常生活でやってみよう」と決心するものの、つい忘れてしまうことって多くありませんか。私もかつてはそうでした。忙しい日常生活にまぎれて、やりそびれてしまう。何とか日常的にちょくちょく呼吸法をする習慣を作れないものか。そう考えて、考案したのが「待ち時間呼吸法」です。

といっても大したことではなく、日常生活における待ち時間は、全て呼吸法（マインドフルネス呼吸かリラクセーション呼吸のどちらか、気が向いたほう）の時間にしちゃえばよい！　と心に決めて、それを実行しているだけです。

待ち時間って、馬鹿にならないぐらい多いんですよね。信号待ち。踏切待ち。レジ待ち。駅のホームでの電車待ち。エレベーター待ち。トイレの順番待ち。カフェで注文するときの列。ドリップコーヒーを淹れている間のちょっとした待ち時間。やかんのお湯が沸騰するまでの待ち時間。お湯を注ぎカップラーメンを食べるまでの3分間。本当に「塵も積もれば山となる」ということわざ通りで、待ち時間って生活のなかに塵のように散らばっているんです。その時間をすべて呼吸法の時間にすると、私は決めたのでした。

これは結構劇的で、ストレスを感じやすい待ち時間が、「呼吸に集中できる楽しく気持ちの良い時間」に様変わりしました。特に、たとえばスーパーでレジ待ちをしていて、前の人が会計に手間取っていたり、隣の列のほうがスムースに進んでいたりするのを見ると、前の私だったら、いちいちイライラしていたんですよね。「ああ、もう！ 早くしてよ！」という自動思考と共に。それが「待ち時間呼吸法」を始めてからは、「はいはい、いいですよ〜。どうぞごゆっくり。私は呼吸をしているんで」という自動思考と共に、ゆっくりと呼吸をし、それに集中し続けるので、前の人がどんなにもたもたしていようが、全く気にならなくなりました。

面白いことに、待ち時間が終わって自分の番が来ると、「え〜！ もう？ もっと呼吸をしていたかったのに」ぐらいの自動思考が出てくるときもあって、人の心は現金なものだと笑ってしまいます。というわけで、「待ち時間呼吸法」は忙しい皆さんにもとってもお薦めです。日々の待ち時間を呼吸法の時間に置き換えてしまいましょう！

アロマ呼吸法

前にも書きましたが、私はアロマオイル（エッセンシャルオイル）の香りが大好きで、家でも職場でも様々な種類のものを用意して、自分のためにも使いますし、カウンセリングでも活用しています。アロマオイルは小さなボトルを大体500円から1000円ぐらいで購入できます。オイルをコットンとかハンカチとかマスクに垂らせば、オイルの量が減って、そのうちボトルが空になりますが、この「アロマ呼吸法」では、ボトルから直接香りを嗅ぐので、オイルの量もほとんど減らず、大変経済的です。

オイルはその日の気分で決めます。リラックスしたければラベンダー、ローズ、ゼラニウムなど。リフレッシュしたければ、ユーカリ、ベルガモット、ライム、レモングラスなど。華やかな気持ちになりたければ、イランイラン、マジョラムなど。森林浴の気分を味わいたければ、シダーウッド、ティートゥリーなど。私は本格的にアロマを勉強したわけではないので、完全に自分の主観で選んでいますが、自分で楽しむぶんにはそれでよいのではないかと思います。

これをどうやって呼吸と結びつけるかというと、まずは蓋を開けたアロマオイルのボトルを鼻先に持ってきます。そして鼻から息を吸って、同時に思い切り香りを吸い込みます。リラクセーションのための呼吸法では、さほど大きく息を吸い込む必要はないのですが、アロマ呼吸法の場合は、とにかく香りを楽しみたいので、脳と胸とお腹に香りを充満させるかのように、「スワーーーーッ」と両方の鼻の穴から最大限に吸い込むのです。そして目を閉じて、その香りをしばらく楽しみます。その後、鼻から、息を吐き出します。思い切り吸ったので、吐くときも勢いよく、思い切り吐き出します。吐ききったら、またアロマオイルのボトルを鼻の先に持ってきて、先ほどと同じように思い切り香りを吸い込みます。このように「息を吸いながら香りを思い切り吸い込んで、その香りを味わう→思い切り息を吐き出す」を5回ほど繰り返します。

このアロマ呼吸法のよさは、「しっかりと鼻から息を吸える」ということです。緊張しているとき、疲れているとき、私たちは口から浅く息を吸いがちで、その呼吸のせいで、もっと緊張したり疲れたりすることがよくあります。でも口は、本当は息を吸うための器官ではありません。何のために鼻毛があるか、考えてみましょう。鼻毛とは、息を吸うときのフィルターですよね。口には「口毛」というフィルターはありません。つまり従来、鼻から息を吸うように私たちはできているのです。そこでアロマの香りを使ってにおいを嗅ぐ、という行動をプラスすると、「鼻から息を吸おう」と意図しなくても、自然に鼻から息を吸い込むことになりますね。これがアロマ呼吸法のねらいの1つです。鼻から吸って香りを楽しみ、鼻から吐き出すという、鼻呼吸が自然にできるのがよいところです。

同時にこのような呼吸法を5回もやってみると、相当気分が変わります。どんなに嫌な気分のときでも、アロマオイルのボトルを手に取って、ひとまずこのような呼吸法を5回繰り返してみると、劇的ではないかもしれませんが、確実に気分や身体の感じが変わったことに気がつくはずです。呼吸法ではありますが、コーピングとしても機能するわけです。たった今、これを書きながら、やってみたくなって、ユーカリの香りを使って、アロマ呼吸法を5回実践してみました。今は起き抜けで、家でこの原稿を書いています。朝に弱い私は、若干頭がボーっとしていたのですが、ユーカリの香りと鼻呼吸のおかげで、今はしゃっきりすっきりです。

リフレッシュ呼吸法

アロマオイルがなくても次に紹介する呼吸法でリフレッシュし、眠気を覚ますことができます。私は特に職場でしょっちゅうやっています（カフェインの入ったコーヒーも飲んじゃうけど）。

まず右手の人差し指で右側の鼻の穴を押さえます。次に左の鼻の穴から脳天めがけるイメージで、思い切り息を吸います。大きな音を立てるぐらいの勢いで、ずずーっと吸い込むのです。その吸った息が脳に行き渡ったイメージをして、次に思い切り口から息を吐きます。このときも、大きなため息をおおげさにつくぐらいの勢いで、ふふーっと吐き出します。右手の人差し指を鼻の穴から離します。

こんどは左手の人差し指で左の鼻の穴を押さえます。次にさっきと同じ要領で、右の鼻の穴から脳天めがけて思い切り息を吸い込みます。ずずーっと音を立ててください。吸った息が脳に行き渡ったイメージをしたら、口から思い切り息を吐きます。体中の息を全て吐き出すぐらいの勢いです。吐き出したら左手の人差し指を鼻の穴から離します。

後は、これらの繰り返しです。すなわち、右手人差し指で右の鼻の穴を押さえて、左の鼻で思い切り吸い、口から思い切り吐く。今度は左手人差し指で左の鼻の穴を押さえて、右の鼻で思い切り吸い、口から思い切り吐く。それを何回か繰り返します。私は左右合計で10回ほど繰り返すことが多いのですが、終えてみると、びっくりするぐらい脳がシャキッとして、リフレッシュした感じがし、眠気がなくなっています。

以上、いくつか私自身が実践している呼吸法を紹介しましたが、実は何でもいいんですよね。どんなやり方でもよいので、呼吸に注意を向けて、呼吸と戯れてみる、呼吸と共に遊んでみればいいのです。ヨガをやっている方は、様々なヨガのポーズと共に呼吸をすることに慣れておられることでしょう。ヨガまでいかなくても、ストレッチなどをして身体を動かしながら、そこに呼吸を乗せていくのも楽しいですね。

こんなふうに、自分の好きなやり方で、あれこれ呼吸法を試したり、呼吸法で遊んだりしていると、それだけで、毎日ちょこちょこと、継続的に呼吸に注意を向けているような感じになります。これって「マインドフルネス呼吸」に他ならないのではないでしょうか。瞑想とか苦行とか修行みたいにマインドフルネスを実践しなくても、こんなふうに呼吸で遊んでいるうちに、それと同じような効果が得られるのではないかと私は考え、日々、呼吸と戯れているわけです。

アロマの香りを最大限に吸い込んで吐き出す

第3章

いまもこうして生きてます

「思い直し」の技術である認知再構成法についての話

認知行動療法には、「認知再構成法」と「問題解決法」という、ちょっと難しい名前の技法があります。この2つは認知行動療法の「横綱技法」ともいわれるもので、汎用性と効果がエビデンスとして示されているとてもパワフルな技法です。本書は認知行動療法の解説書ではないので、この2つの詳細は他の本（『世界一隅々まで書いた認知行動療法・認知再構成法の本』『世界一隅々まで書いた認知行動療法・問題解決法の本』（どちらも遠見書房）に譲るとして、私がこれらの技法をどのように使っているか、具体例をあれこれ紹介したいと思います。

まずは認知再構成法から。「認知を再構成する」とは、平たくいうと「思い直しをする」ということです。「Aと思ってしまったが、改めて考え直してBと思ってみる」というのが「思い直し」ですね。これは日々、皆さんがやっていることですよね。仕事でちょっとしたミスをしちゃったとき、「あ、やべぇ！」と一瞬思っちゃったけど（「あ、やべぇ！」が自動思考です）、「早く気づけてよかった」「まだ誰にもバレてない」「今度から気をつけよう」と思い直せば、これはもう立派な認知再構成法なんです。なので普段から、Aという自動思考が出て自分が苦しくなったあとに、自ら思い直してBという別の考えを出して、自分をなぐさめたり、励ましたり、開き直ったりすることができている人は、認知再構成法が上手にできているということになります。自信をもってください。

認知再構成法のコツその1：「自動思考」と「助ける思考」を対話させる

認知を再構成するには、様々なやり方やツールがあるのですが、私がもっぱら重宝しているのは、対話のワークです。自分を苦しめる「自動思考」のパートと、そういう自分を自動思考から救い出す「助ける思考」のパートとを、頭のなかで対話させます。例を挙げます。これは数日前に実際に私が行った対話のワークです。

自動思考：アマゾンのレビューで自分の本がめちゃくちゃネガティブに評価されていたのを読んじゃった。何でこんなこと書かれないといけないんだろう。私の本って、そんなにひどい？

この人、私のことを嫌っているんだろうなあ。ああ、気持ちが落ち込む！　レビューなんて見なきゃよかった。

助ける思考：あら〜、それは災難だったね。ほんと、レビューなんて見ないほうがいいかもね。あれこれ好き勝手に書かれているのを見ちゃうから。

自動思考：そうなのよ。見なきゃよかった。でも自分の本だから評判が気になるじゃん。それに悪い評価だけじゃないし。

助ける思考：でしょう？　悪い評価だけじゃないでしょう？　それなら悪い評価だけを見て落ち込むのはやめたら？

自動思考：確かに。でもなんか気になっちゃうんだよね。あと知らない人、いや、ひょっとしたら知っている人かもしれないけど、とにかく誰かに嫌われたり恨まれたりしているような気がして、薄気味悪いというか怖いんだよね。私、その人に何かしたんだろうか？

助ける思考：身に覚えがあるの？

自動思考：とりあえず、ない。ないから、かえって怖いのよ。

助ける思考：確かにね。ところでアマゾンのレビューでひどく書かれている以外に、実害ってある？

自動思考：うーん。ない気がする。ネットでエゴサーチとかしたらなんか書いてあるかもしれないけど、私、それこそ怖いからエゴサーチしないし。
助ける思考：アマゾンのレビューでひどく書かれることの実害は？
自動思考：そのレビューをうのみにしたり、同意したりする人が出てくるだろうってこと。
そうそう、そのレビューが「役に立った」とフィードバックしている人がそこそこいるの。
それも怖い。私にはそのレビューは悪意としか思えなくて。その悪意が広がっていく感じがして。
助ける思考：なるほど。ちなみに悪意を感じられるレビューに「役に立った」とフィードバックする人がそこそこいたとして、そこに何か実害はあるの？
自動思考：うーん。それで本の売り上げが若干落ちる可能性はあるけれども、それ以上の実害はないかもしれない。強いていうと、私がこういうふうに嫌な気持ちになること自体が実害かな。
助ける思考：では、その嫌な気持ちをどうしましょうかね？　どうやって自分をその気持ちから救い出す？　そういう嫌な気持ちになった自分に、何と声をかけることができそうかしら？
自動思考：そうだなあ。「1度本を出しちゃったら、100パーセント良い評価を受けるなんてことはありえないのだから、たまに悪い評価があったって、それは本を出した代償として引き受けるしかないんじゃないの？」といってみようかな。
助ける思考：では自分にそういってあげてみて。どういう自動思考が出てくるかな？
自動思考：代償っていう言葉は嫌だな。なんか悪いことをしたみたいじゃない。あと、「何で私が人の悪意を引き受けなければならないの？」という気持ちにもなった。
助ける思考：そっかあ。じゃあ、別の言葉をかけてみようか。
自動思考：「自分の気分が悪くなる以外に実害はないのだから、深刻に受け止め過ぎず、悪くなった気分をケアしよう」というのは、どうかしら。
助ける思考：それを自分にいってみて。どうですか？
自動思考：うん、それならピンとくる感じがする。もういったん気分が悪くなっちゃったのだから、その気分をケアするしかないもんね。
助ける思考：どうやってケアする？
自動思考：レビューのことばかり考えていてもしょうがないので、それについては「うんこのワーク」でトイレに流して、あとは別のことをして気をそらそうかな。それからかま吉（ぬいぐるみ）をだっこして、なぐさめてもらう。
助ける思考：かま吉は何と言ってなぐさめてくれるの？
自動思考：「大丈夫。大丈夫。何も悪いことは起きないよ。かま吉がついているから大丈夫だよ」と言ってくれると思う。
助ける思考：かま吉にそう言ってなぐさめてもらえると、どうなるの？
自動思考：ホッとして安心する。自分の気分以外に実害はないのだから、確かに大丈夫だよな、と思えそう。かま吉がそう言ってくれると説得力があるし。
助ける思考：それはよかった。では、この件についてはもう大丈夫かしら？
自動思考：うん、大丈夫になった。助けてくれてありがとうね。

対話のワークは以上です。いかがでしょうか？「アマゾンのレビューに悪意ある評価がついて怖いし、気分が悪い」という最初の反応（自動思考）が、対話のワークを通じて、「自分の気分以外には実害はない。気分については『うんこのワーク』でトイレに流し、何か別のことをしよう。かま吉が言ってくれている通り、大丈夫なのだ」という新たな思考が導き出され、そのように思い直しすることによって、私は気を取り直すことができました。この対話のワークのコツは、「頭のなかの言い聞かせ」にしない、ということです。言い聞かせることなら、簡単にできますが、頭のなかの言い聞かせ、すなわち「理屈」ってほとんど役に立ちません。理屈ではなく、「どう感じるか」「腑に落ちるか」を基準に対話をすることが大事です。

「セルフ・コンパッション」という考え方と方法が現在注目を集めています。コンパッションとは、「思いやり」「やさしさ」のことで、自分の心身に痛みを感じたときに、そこにそっと視線を向け、思いやりのあるやさしい言葉をかけていくことが「セルフ・コンパッション」になります。

◌認知再構成法のコツその2：つらい感情を受容し、ひたすら優しい言葉をかけ続ける

たとえば、私は先日、左の手首を痛め、大好きなピアノを弾くときも手首が痛いので、絶望的になってしまいました。「あー、動かすと手首が痛い。せっかく最近、ジャズピアノを習い始めて、ピアノを練習するモチベーションが上がってきたところだったのに。そんなときに限って、なんでこんなふうに手首が痛いのよ！　ピアノの練習ができないじゃない！　あー、神様って意地悪だ」という自動思考が生じます。その自動思考に気づいた私は、「あ、かなり絶望的になっているな。心どころか身体が実際に痛い今こそ、セルフ・コンパッションを実践するチャンスだ。早速やってみよう」と考え（これ自体が一種の思い直しなので、ここですでに認知再構成法のプロセスは始まっています）、自分に向けて、

次のような言葉をかけてみることにしました。

「身体が痛いとつらいよね。左手首が痛いなんて、あなたは左利きだから特に、地味にずっとつらいよね。あまり痛みがひかなかったら、整形外科にかかるとして、今は、その痛みをマインドフルに観察し、受け止めてみよう。そして痛くない左手の動きを探してみよう。ピアノに関しては、本当に残念だね。左手の練習は、今は中止するしかないけど、そりゃあ、がっかりしちゃうよね。でも右手の練習は続けられるから、そっちだけでも続けてみたらどうかなあ。絶望しちゃう気持ちはよくわかるけど、大丈夫。今、できることをやってみよう。それにしても痛いの、つらいよね。ひどいことにならずに、早くよくなることを祈っているよ」

こう自分に思いやりのある言葉をかけることで、私の気持ちはやわらぎました。ちなみに、「結局これって、先に紹介されている対話のワークと全然変わらないじゃん」と思う方がいらっしゃるかもしれません。そしてそれはおっしゃる通りで、対話のワークで導き出される新たな考えも、セルフ・コンパッションによって導き出される新たな考えも、結局は同じようなものになることが多いです。要はどちらでもよいのです。自分にとって苦しい自動思考を、対話のワークによって思い直しをしてもよいし、セルフ・コンパッションで思い直ししてもよく、そのときどきで気が向いたワークをすればよいのだと思います。

認知再構成法のコツその3：イメージのなかで納得のいくストーリーを作る

もう1つ、イメージを使った思い直しのワークを紹介しましょう。

先日、私は駅のホームで中年男性に思い切り身体をぶつけられました。女性で、身体の小さい私は、昔から、駅のホームや街中で男性から身体をぶつけられることが、ときどきあります。同じ体験をした人には、わかってもらえると思いますが、これって一瞬の出来事で、「え⁉　今私ぶつかられた？　これって故意だよね」と思ったときには、時すでに遅し、ぶつかった張本人は、もうどこかに消えてしまっています。つまり抗議や仕返しができない状況です。これにはもう本当に腹が立ちます。自分より身体的に弱い立場の小柄な女性にわざとぶつかってストレスを発散しているのでしょうか？　その人にとってはストレスコーピングでも、こちらにとっては完全に暴力です。本当なら捕まえて警察に突き出して暴力事件として処理してもらいたい案件です。しかしそれも難しい。本人がすでにいなくなっちゃっているので。

そこで、こういうときは、イメージワークをすることにしています。身体をぶつけたおじさんをぶん殴るイメージとか、背後から飛び蹴りをするイメージとか、現行犯逮捕されて面倒なことになるイメージとか、そういう単純なイメージをすることもありますが、私はもっと念入りに、その人が今後、次から次へと不幸な目に遭って（例：野生の猿に襲われる、落とし穴にハマる、携帯や財布を落として2度と見つからない、雷に打たれる）、最終的には死んだら地獄に落ちて、死んでからもずっと不幸が続くといった「呪いのストーリー」をイメージするのです。「何と人が悪い」と眉をひそめる人もおられるかもしれませんが、一方的にやられた側としては、このぐらいのイメージを作ってようやく怒りが若干治まる程度です。こんなふうにイメージを伴うストーリーを作ることで、思い直しすることができるのです。もちろんこういう呪いのストーリーだけでなく、自分がハッピーになるストーリーをイメージするのでも全く構いません。コツはとにかく本気でリアルにイメージすることです。

以上、認知再構成法の思い直しについて、私自身が重宝している3つのやり方をご紹介しましたが、重要なのは自動思考に気づきを向け、それに巻き込まれず、マインドフルに受け止め、そのうえで、対話をするなりセルフ・コンパッションをするなりイメージをするなりすることです。自動思考に気づくことが重要な第一歩なんだ、ということを忘れないようにしてください。

問題解決法という最強の対処法についての話

認知行動療法のもう1つの横綱技法である「問題解決法」について、私の実践を紹介します。問題解決法とは、文字通り「問題を解決する」ための技法で、①「何が問題か」を理解する、②解決策をイメージする、③解決策を実行する、④結果を検証する、の4つの流れで行います。認知再構成法が認知に焦点を当てた「思い直し」の技法だとすると、問題解決法は、目の前にある現実の問題をどう理解して、それに対してどうアクション（行動）を起こすか、という非常に実践的な技法だということになります。問題解決法の詳細については前項に挙げた他書に譲るとして、ここでは、私自身が「これはうまくいったなあ！」と自画自賛している数々の問題解決法の実践例を紹介していきます。

◌大嫌いな原稿執筆を先に進めるための問題解決

①何が問題か：そもそも原稿を書くのが嫌い。文章や構成を考えるのが面倒くさい。PCを開くと誘惑に負けてネットを見てしまう。締め切りに多大なプレッシャーを感じる。「今日はいいや」と自分を許して、執筆を先延ばしにする。どんどん執筆が遅れる。最悪の場合、締め切りを過ぎてしまう。自分を責める。ますます原稿執筆の仕事が嫌いになる。

②解決策のイメージ：毎朝、起きたらPCを立ち上げて、原稿のファイルをとにかく開く。「10分でいいから」と自分にいって、とにかく何か入力する。休日にPCを持ってカフェに行き、原稿を少しでも書き進めたら、チーズケーキを食べていいことにする。文章を書く気になれないときは、キーワードだけ書き連ねる。「どうせ書くならとっとと終えたほうがよい」と自分にいいきかせる。本当に気が向かない原稿の仕事は最初から断る。

③④実行と検証：朝イチでファイルを開くのは、できている（実は今もそうやって朝イチでこの原稿を書いています）。お気に入りの某カフェに行くときはPCを持参している。ケーキはご褒美として有効。集中しようとするのではなく、スキマ時間にちょこちょこ書

くという作戦で今のところ何とかなっている。先日は1つ、依頼を断った。原稿を書く仕事を好きにはなれないが、このやり方であれば、何とかやっていけそうではある。

翌朝の早起きが嫌で仕方がないときの問題解決

①何が問題か：翌朝、早起きしなければならない。早起きは苦手。睡眠時間を削るのも嫌。明日の早起きを思うと今から憂うつ。夜更かしが好きなので早く寝るのも苦手。

②解決策のイメージ：携帯でアラームをセットし、保険をかけて目覚まし時計もセット。前の晩の夕ご飯を軽めにする。なるべく早めに食べ終えるようにする。早起きのことを思うと呼吸が速くなるので、深くゆっくりとした呼吸を心掛ける。寝るときにラベンダーのアロマオイルを枕カバーにふりかける。明日の朝、しゃきっと目覚めて行動する自分をイメージリハーサルする。いつもより1時間早めにベッドに入る。ベッドで好きな漫画を読み、眠くなったら寝る。早起きして1日元気に仕事ができたら、夜はご褒美でビールを飲む。

③④実行と検証：今でも早起きは憂うつだが、ゆっくり呼吸するのと、1時間早めに寝

るのとで、何とか睡眠時間を確保し、翌朝も予定通り早起きして何とかパフォーマンスは保てている。１日働いた後のビールは美味い！

◌トイレ掃除をこまめにするための問題解決

①何が問題か：部屋が散らかっていても、自宅のトイレだけはまあまあ綺麗な状態を維持したい。しかしついつい掃除をさぼってしまう。床が埃っぽい。水回りが薄汚い。便座の裏とかうっすら汚い。トイレに行くたびに「掃除しなきゃな」と思うけど、後回しにしてしまう。

②解決策のイメージ：水回りは毎回手を洗うときに、ざっと手で綺麗にする。床はトイレに入るたびにトイレットペーパーをちぎって、ざざっと埃を取る。トイレを出るときに、箱に入っているトイレクイックルを半分ちぎって箱の上に置いておく。次にトイレに行ったとき、そのクイックルで便座をざっと掃除する。

③④実行と検証：トイレクイックル作戦は大成功！　箱の上に置いたクイックルが、乾いて使えなくなるのが嫌なので、次にトイレに行ったときに、どうしてもそれを使ってざ

ざっと掃除をすることになる。他もすべて「ついでの行動」なので、あまり苦もなく毎回できる。トイレがまあまあ清潔な状態に保たれていると気分がよい。

難しい専門書を読み進めるための問題解決

①何が問題か：読まなくてはならない、あるいは読んだほうがよい専門書がある。分厚いし、内容的にも難しい。持ち歩くには重すぎる。ということは家で読むしかない。しかし家には様々な誘惑があって、なかなか落ち着いて読書ができない。そういう本が何冊もたまっている。

②解決策のイメージ：そういう本はリビングの椅子の横に積んでおく。朝、10分だけ、テレビやネットを消して、その本を手に取る。とりあえず開く。たくさん読むことや、きりのよいところまで読むことは、はなから目指さず、とにかく10分間、スマホのタイマーをセットして、読み進める。「なるほど」と思った箇所はマーカーを引く。10分経ったら、どんなに中途半端な箇所でも、「それでよし」として、読み終える。どんなに分厚い専門書でも、いつか読み終わるだろう。

③④実行と検証：ずっと読みたかったが積読になっていた大著『愛着と精神療法』（デイビッド・J・ウォーリン著、津島豊美訳、星和書店）という本について、実践してみた。何か月もかかったが、最終的に読破できた。一気読みするより、少しずつ読むほうが、かえってよく理解できたように思えた。今では毎朝、この方式で、専門書をちょっとずつ読む習慣ができた。

痴漢撃退のための問題解決（これは大学生だった頃の話です）

①何が問題か：通学のための満員電車で毎日のように痴漢に遭う。痴漢されると怖くて心身が固まってしまい、身動きが取れなくなる。怖いだけじゃなく、気持ち悪いし、むかつくし、その日1日の気分が台無しになる。今と違って「痴漢は犯罪です」というコンセンサスもなく、耐えるしかなかったが、ある日、電車を降りたら、私を痴漢していた男も一緒に降りてきて、なんと「お茶しませんか？」とナンパしてきた。私は仰天した。痴漢に対して固まっているだけじゃ、こちらが嫌だということが伝わらないのだ。痴漢にナンパされるなんて冗談じゃない！　黙って耐えるだけじゃ嫌だ！　仕返ししてやりたい！

②解決策のイメージ：（今なら、周囲の人にも協力してもらって、痴漢を駅員に突き出し

て捕まえてもらうだろうが、当時、そういう選択肢が私にはなかった）ポケットに安全ピンを入れて持ち歩くことにした。痴漢に触られたら、その手を避けるのではなくグッとつかむことにした。それで相手が手を引けばよしとする。それでも手を引かない場合は、そいつの手をこちらから捉えて、安全ピンの針をそいつの手の甲に刺してやることにした。

③④実行と検証：こちらがそいつの手首をグッと強くつかもうとすると、案外痴漢は手を引っ込めるということがわかった。捕まりたくないのだろう。それでもなお、手を引っ込めない奴は、安全ピンでそいつの手の甲をチクッと刺してやった。刺すところまでいったのは3度ぐらいしかなかったが、どいつも「うっ」とうめき声をあげ、手を引っ込め、2度と触ってこなかったので「よし」とした。

母の入院先を見つけるときの問題解決

①何が問題か：（これは2019年の話です）脳出血でほぼ意識のない母親をケアしてくれる病院がなかなか見つからない。看護師の妹が1度引き取って介護したがそれには無理があり、再度、病院に入院してもらったがケアが不十分で、娘である私たちがいたたまれない。安心してケアをお願いできる病院をどうやって探したらよいかわからず途方に暮れ

ている。

②解決策のイメージ：自分たちの手持ちの情報ではどうにもならないので、フェイスブックで友人たちに事情をありのままお伝えし、病院や介護施設についての情報提供を依頼することにした。

③④実行と検証：フェイスブックで友人たちに助けを求めたところ、多くの友人から様々な情報や助言をもらうことができた。そのなかから看取りまでお願いできそうな病院の情報が見つかり、その病院を見学し、そこに母のケアをお願いすることになった。入院費はそれなりにかかるが、母の貯蓄から出すことにした。その病院のケアは素晴らしく、私たちは安心して母を委ねることができ、２０２１年４月に亡くなるまで、お世話になることができた。情報提供してくれた友人たちと、その病院には深く感謝している。

以上、問題解決法の私自身の具体例を６つ挙げてみました。いかがでしょうか？　現実的な問題を具体的に理解し、それを解決するための手段を具体的にイメージし、実行してみて結果を検証する、という問題解決法の流れをおわかりいただけたでしょうか。前にも書いた通り、問題解決法は認知行動療法の主要技法の1つですが、私が尊敬するジャーナリスト、故・千葉敦子さんの生き方を象徴するものでもあります。千葉敦子さんは、生活するうえで、そして生きるうえで遭遇する様々な問題を、ときには1人で、ときには友人ら他者の助けを借りて乗り切っていくという問題解決のプロフェッショナルでした。乳がんを患い、再発したときも悲観することなく、ずっと住みたかったニューヨークに移住し、そこでも問題解決を重ねながら、天寿をまっとうされました。

彼女は著書にこう書いていています（『「死への準備」日記』126～7ページ）。

私は大きな困難に出合ったら、まずその問題を分析して、どう対処するかを考える。問題に直面した直後の一時間くらいは、衝撃が大きすぎて何も考えられなかったこともあるが、そのあと、だれに相談したらいいかを考え、解決のために一歩踏み出す。最初に乳癌を発見したときも、ついこの間、右側にしこりを見つけたときもそうした。アメリカの保険会社に健康保険の申し込みを断られたときもそうしたし、何度か失職したときも同じようにした。

だから、いまのように病気が重くなり、治療の可能性が非常に低いという状況にあって、もし鬱状態に陥ったり、寂しさ、悲しさに襲われて仕事や日常生活がまともにできない、というようなことでもあれば、さっそく専門家の助けを借りるだろう。

だが、いまのところ、私は治療の激しい副作用に苦しみ、体力低下に悩みながらも、気が沈んでいる状態が何時間も続くことはない。寂しさとか悲しさとも無縁だ。私は、癌にかかったことをとくに不幸な事件だとは思っていない。私のこれまでの人生は、いくつかの困難があったにせよ、楽しい思い出に満ちている。

私は千葉さんの著作が大好きで、ほぼ全作揃えており、ときどき読み返しては、彼女の「問題解決法のスピリット」に毎回新鮮に感嘆し、そこから多くを学びます。千葉さんの著作は残念ながらほぼ品切れになっており、なかなか入手しづらいのですが、『昨日と違う今日を生きる』という著作だけは電子書籍で読めるので（2023年5月現在）、ぜひ皆さんにも読んでいただきたいと思います。

自分の人生の主人公は自分自身でしかありえません。問題解決法は、自分自身の人生を自分らしく主体的に生きるための思想であり、技術だと私は考えています。まあ、要するに問題解決法が大好きなんです。その魅力が皆様にも伝わったら嬉しいです。

エクスポージャー（曝露療法）をいろいろ試しちゃった話

エクスポージャーとは認知行動療法の主要技法の1つで、日本語訳だと「曝露《ばくろ》療法」というおどろおどろしい名前がついています。「曝露」とは「さらす」という意味です。私たちは普通、不安や恐怖や不快を感じる対象は避けたいですよね。たとえば高所恐怖の人であれば、高いところに行って下を見渡すのは怖いから避けたいと思います。スピーチ恐怖の人であれば、人前でスピーチをするのはとても不安なのでやはり避けたいでしょう。パニック症の人で、電車で発作が起きそうであれば、電車に乗ること自体を避けようとします。しかしエクスポージャーでは、あえて避けずに、その場に自分を「さらす」のです。

そしてさらすことによって生じる恐怖心や不安感や不快感にも自分をさらし、それらのネガティブな感情をそのまま感じようとします（このへんはマインドフルネスとも重なりますね）。エクスポージャーをしているうちに、あるいはエクスポージャーを繰り返しているうちに、私たちはさらすことに慣れていき、ネガティブな感情に耐えられるようになり、場合によってはネガティブな感情のピークが徐々に弱まっていきます。そうすると、従来であれば避けていた状況を避ける必要がなくなり、自分にとって必要な行動が取りやすくなっていきます。これがエクスポージャーのメカニズムで、先ほど紹介した高所恐怖などの不安症を抱える人は、エクスポージャーによって大幅に回復することがよくあります。

さて、私や私のオフィスのスタッフたちは認知行動療法のカウンセラーとして、多くのクライアントにエクスポージャーを実践してもらっています。右で紹介した認知再構成法や問題解決法やマインドフルネスに限らず、認知行動療法の場合、クライアントに実践してもらう技法は、カウンセラー自身が実践しておく必要があります。そういうわけで、一時期、私たちは様々なエクスポージャーを集中的に実践しました。それがとても面白かったし役に立ったので、ここで紹介してみたいと思います。ちなみに私は結構な怖がりです。怖いことが大好きなのではありません。そういう怖がりの人でも、ここまでのことができる、ここまでの変化が起きる、というのがエクスポージャーという技法の面白さです。怖がりの人ほど、参考にしてもらうとよいのではないかと思います。

スカイダイビング

まずは思い切って、ずっとあこがれだったスカイダイビングに2度、皆と挑戦しました。お値段がかなり高いのですが、そこは「エクスポージャーの練習だから」と言い訳しながら(笑)。私たちが参加したツアーは、セスナに乗って4000メートルの高さまで上昇し、そこからダイブするというものでした。高度1000メートルぐらいでパラシュートが開くので、3000メートルぐらいはフリーフォールということになります。4000メートルの高さから生身でダイブするのは、めちゃめちゃ怖かったけれども(マジでちびりそうでした)、やってしまえば、気持ちがよいというか、爽快感がすごいというか、とにかく圧倒的にすごい体験でした。

終わったあとは、「やり切ったぜ!」と無駄に自己効力感が上がり、若干ハイになりました。エクスポージャーによって少々ハイになるクライアントさんがおられますが、「こういうことか」と納得しました。ただし、私たちのようなライセンスのない人間はインストラクターとタンデム(2人で一緒に飛ぶ)でやるしかなく、曝露としては若干主体性に欠けるのと、とにかくお金が万単位でかかるので、そうそう気楽にチャレンジできるエクスポージャーではありません。とはいえ、機会があれば、またトライしてみたいと思っております。

富士急ハイランドの絶叫マシーン

次に私たち「曝露部」（そういう部活を作りました！）がチャレンジしたのは、遊園地の絶叫マシーンです。私が思うに、日本一、絶叫マシーンをあれこれ楽しめる遊園地は、山梨県にある富士急ハイランドです。普通に富士急ハイランドに日帰りで行って、絶叫マシーンに乗ろうとすると、休日だと待ち時間が1、2時間となってしまい、1日にそう何回も乗れません。

一方、エクスポージャー的には、繰り返し体験することが重要です。繰り返し恐怖の対象に自分の身と心を「さらす」ことで、恐怖のピークが下がってくることを実感したいからです。そこで私たちは毎回、富士急ハイランドのオフィシャルホテルに前泊することにしました。そうすると当日優先的に30分早く入園できます。そして開園時間と共に「優先乗車券」を販売する窓口で、1枚1000円（当時）で並ばずに絶叫マシーンに乗れるチケットを何枚も大人買いします（少々下品ですが「金に物をいわせて」という感じです）。当時確か1人8枚まで購入できました。つまり並ばずに1日合計8回も「フジヤマ」だの「ええじゃないか」だの「ド・ドドンパ」といった絶叫マシーンに乗りまくることができます。それで実際に乗りまくりました。それを1回きりでなく数年続けました。つまり私はフジヤマもええじゃないかも、計10回以上は乗っていることになります。

私が1番好きなフジヤマを例にとって、それがどんな体験だったかご紹介しましょう。フジヤマはシンプルなジェットコースターで、最初は地上79メートルまでゴトゴトとコースターが上がっていって、しばらく止まったあと、落下が始まります。私が数えたところものすごいスピードで13回落下を繰り返す仕組みになっています。乗らずに外から眺めているだけで、えぐいコースターであることはわかります。乗っている人の悲鳴も響き渡ります。初めて乗ったときのことは今でも忘れられません。上に登っていくときから怖くて怖くて、美しい富士山を堪能する心の余裕もありません。そして登り切って一瞬の静寂のあと、落ちては登り、落ちては登り、恐怖で悲鳴を上げながらそれに翻弄されているうちに終わってしまいました。もう何が何だかわからない恐怖体験でした。

それが2度目に乗り、3度目に乗り……と繰り返しているうちに、不思議と余裕がわいてきます。落下するたびに「1回目〜」「2回目〜」などと数えられるようになってきました。富士山の美しい姿をそのまま眺めて堪能できます。落ちるときの風を切る感じ、あの何ともいえない内臓がふわっと持ち上がる感じも、そのまま感じられるようになりました。だんだん怖くなくなってきたので、悲鳴を上げることもなくなりました。逆に楽しくて笑っちゃったりしていました。そう、これがエクスポージャーによる変化というか効果なのです。曝露し続けることによって、反応が軽く、小さくなっていき、余裕が出てきます。最初に感じていた恐怖や不安は、最後にはほとんど出なくなってしまいました。

最後にフジヤマに乗ったときのことを、私はよく覚えています。乗るのを待っている間、他のお客さんのグループはみんな高揚し、「こわーい」とか「どうしよう」とか「やばい」とかいっているのに、私たちのグループだけはとても落ち着いており、チーンとしています。私たちはもう、電車を待っている人たち程度の落ち着きを得てしまったのです。心拍数も全く上がりません。マシーンに乗り込んでも、何とも感じません。本当に電車に乗るような感覚です。ゴトゴトと上がり始めて、だいぶ高いところまで行くと、やはり周囲の人たちは「こわーい」「やばーい」といいながら、みな高揚しています。でも私たちは、先ほどと同様、完全に落ち着いており、チーンとしたままです。まるで仏様のようだな、と思ったことを覚えています。そしてそのとき、「ああ、私はもう2度と、このフジヤマに乗って、キャーキャー興奮することはできないんだ」という自動思考が出てきて、一瞬、寂しく感じたのです。そして改めてエクスポージャーという技法の威力を実感したのでした。エクスポージャーは心だけでなく身体の反応を大きく変えてしまうのです。それを身をもって知った体験でした。

ちなみに私はその後、頸椎を痛め、「ジェットコースター禁止」というドクターストップを食らってしまいました。今後もう一生、絶叫マシーンに乗ることはないと思いますが、それについても残念に思うというよりは、「もう一生分乗ってしまったからいいか」と満足感を抱いています。実に楽しく、充実したエクスポージャー体験でした。

◌ バンジージャンプ

そして、とうとう私たち「曝露部」は、バンジージャンプに手を出しました。まずは、当時、日本で最も高いバンジージャンプがあった群馬県の水上《みなかみ》に皆で出かけることにしました。みなかみの場合、橋から川に向かって約40メートルの高さからダイブします。40メートルとはマンションの12階に相当するそうです。バンジーの場合、インストラクターと一緒に飛ぶスカイダイビングとは違い、また乗れば勝手に機械が動いてくれる絶叫マシーンとも異なり、自分の足で踏み切って飛ばないといけません。不謹慎ないい方かもしれませんが、「リアルな身投げ」なんです。これは本当に怖いし、勇気と思い切りがいります。パニック症で電車に乗れない人がエクスポージャーをするときは、自らの足で電車に乗るしかありません。それと似ています。エクスポージャーに挑むクライアントさんたちはなんて勇気があるのだろう、とあらためて敬意を感じました。

ともあれ、バンジーのスタッフのカウントダウン（「3、2、1、バンジー！」）の声に乗って、文字通り死ぬ気でダイブしました。恐怖の絶頂からの飛び降りです。ところが飛び降りた直後、落下するほんの短い間に感じたのは、得もいわれぬ解放感でした。「解き放たれるってこんな感じなんだ！」という自動思考が出てきたのを今でも覚えています。これは私にとってものすごく大きな体験でした。

エクスポージャーという意味では、バンジーについても、1回きりではなく、何度も繰り返すところに意味があります。そういうわけで、同じ日に2回目も飛び（2回目は割引になります）、翌年にも、さらにその次の年、さらに3年後4年後にも、皆でみなかみに行き、毎回2回ずつ飛びました。計10回飛んだことになります。その結果は、富士急ハイランドのフジヤマと全く同じでした。最初はあれほど怖かったダイブが、「普通のこと」になっていきました。多少の怖さはありますが、最初に感じた強大な恐怖を感じることはもうなくなってしまいました。パニック症の人がエクスポージャーの最初は死ぬ気で電車に乗ったのに、繰り返すうちに大丈夫になっていくのと、おそらくプロセスは同じだと思います。エクスポージャーの体験としてバンジージャンプはうってつけでした。

学会での質問

最後にちょっと真面目なエクスポージャーの話を。学会で大勢の人の前で話したり質問したりするのも、私にとってはエクスポージャーです。というのも、元来、その手のことが苦手だからです。小さい頃から習っていたピアノも、発表会だと緊張しちゃってミスばかりしてしまうような子でした。だから学会で発表したり質問したりするのも、声や手が震えてしまい、滑舌が悪くなったり、いいたいことがうまくまとめられなくなったりしてしまい、やはりとても緊張します。

発表はまだいいんです。発表する内容をすでに準備しているので、それを話せばいいのですから。最も緊張するのは、フロアから質問するときですね。発表者に対してどうしても質問して確認したいことがある。でも皆の前で「はい！」と手を挙げて、マイクのところまで歩いて行って質問するのは、とても緊張する。「だったら質問するのを止めちゃおうかなあ」と思って、実際に質問することを回避して、あとで「訊いておけばよかった」

と後悔することが何度もありました。そこで私は決意したのです。「訊きたいことがあったら、エクスポージャーだと思って、勇気をもって質問しよう」と。そういうわけで、今でも緊張しますが、「今こそエクスポージャーのチャンスだ！」と自分にはっぱをかけて、手を挙げて、声や手足が震えても、質問したいことを質問するようにしています。エクスポージャーという技法のおかげで、自分にとって大切な行動を取ることができるのです。

以上、いくつか私自身のエクスポージャー体験をご紹介しました。人間、生きていれば、苦手なこと、不安なこと、怖いことは避けられないときがあると思います。そんなときに、「あ、これはエクスポージャーのチャンスだ！」と思えると乗り切りやすくなるかと思います。私自身、今後もそうやって生きていこうと思っています。

バンジージャンプは
リアルな身投げ

試行錯誤しながら禁煙をなんとか続けているという話

タバコ依存の私に気づく

初めてタバコを吸ったのは高校生のときでした。友だち同士で面白半分に手を出したのです。当時、タバコは多くの大人が普通に吸っているものですし（うちの父も家で普通に吸っていました）、隠れてタバコを吸う高校生は少なくありませんでした。というわけで、私たちも試してみたわけです。煙いし、頭がクラクラするしで、それを「美味しい」とは感じませんでしたが、皆でこっそり悪いことをしていること自体に楽しさを感じていました。

日常的にタバコを吸うようになったのは20歳で一人暮らしを始めてからです。お酒をお客さんに出す店でアルバイトをしており、そこで「酒とタバコ」というセットを知ってしまい、タバコが美味しく快いものになってしまいました。それはもう30年以上前のことですが、右にも書いたとおり、当時の日本では、大人がタバコを吸うのは日常的な光景でした。電車のボックス席にも飛行機の座席にも普通に灰皿が設置されており、皆、プカプカタバコを吸っていました。お酒を飲みに行けば、タバコを吸うのは当然のこと。ディスコ（古い！）もタバコの煙でもうもうとしていました。そういう席でタバコを吸うのを、その当時はカッコいいと思っていたのです。一人暮らしのアパートでも、いつも身近にタバコと灰皿があって、吸いたければいつでもプカプカ吸っていました。36歳で結婚しましたが（事実婚で、婚姻届けは出していませんが）、夫もタバコを吸う人なので、家でも、出先でも、一緒にプカプカ吸っていました。それに何の疑問もなく、当たり前のことだと思っていました。今思えば、当時は全く気にしていませんでしたが、我が家はよほどタバコ臭かったでしょうね。

カウンセリングの仕事においても、タバコは気持ちの切り替えのための重要なコーピングでした。1時間ごとに予約がぎっしりと入っていたのですが、50分のセッションが終わったら1本タバコを吸って気分転換し、次の50分のセッションが終わると同様に1本吸って……という感じで、たとえば7セッションの予約が入っていれば、その前後も含め10本ぐらい吸っていました。当時の私はずいぶんとタバコ臭かったのではないでしょうか。においに敏感なクライアントは、きっと私のことを「タバコ臭い」と感じていたと思います。今思い出すと、とても申し訳ないし、恥ずかしい気持ちになります。

それが、いつの頃からか、「タバコ、やめたほうがいいんじゃないかなあ」とうっすら思うようになりました。世の中が禁煙に向けて少しずつ動き始めていました。タバコを吸えないシチュエーションが徐々に増えてきていました。それまで食事会や飲み会では、普通に目の前に灰皿があってタバコを吸えていましたが、ちょっとおしゃれなレストランだと食事中、テーブルでは禁煙、というのが普通になりつつありました。外出先でも、たとえば駅のホームには普通に灰皿が設置してあって、そこで一服できていたのですが、そういう灰皿が撤去されることが増えてきました。「いつでもどこでも普通にタバコを吸える」という環境が変わりつつありました。

私は「なんだか不自由だなあ」と思い始めました。同時に、タバコを吸う自分が恥ずかしく感じられてきました。タバコを吸う行為はカッコよくもなんともなく、自分が単なるタバコ依存であることが自覚され始めました。そこで「なぜ私はタバコを吸うんだろうか」

ということを考えるようになりました。もちろんニコチンという物質に依存している面はとても大きかったと思います。そういう意味では物質依存ですね。でもそれだけではないと思いました。私は「タバコを吸う」という行為自体にも依存していたと思います。気分転換のため、ホッとするためにタバコを吸っている面が大きいと思いました。

次の項で書く予定ですが、私は多動で衝動性が高く、とても落ち着きがないんです。いつもソワソワしています。そういうときにタバコを吸って、自分を落ち着かせているのではないか。タバコを吸うことがちょっとした小休止になっており、それがコーピングとして機能しているのではないか。依存症の「自己治療仮説」というのがありますが、一種の自己治療としてタバコを使っているのではないか。そう思うと腑に落ちました。さらに、タバコを吸うと、煙を吐き出すので、吐く息が深くなります。そういう呼吸の効果も馬鹿になりません。またその当時、タバコはとっても美味しかったので、マインドフルに味わえていたと思います。つまりタバコを吸うことにはマインドフルネスの効果もあったのでしょう。

以上のように私にとっては様々な意味のある喫煙という行為ですが、社会的にそれが不自由になっていくにつれて、私自身も不自由になっていきました。どこに行っても、「タバコを吸える場所はどこか」と喫煙場所を探すようになり、それ自体が窮屈で、ストレスに感じるようになりました。ストレスコーピングだったはずのタバコがストレッサー（ストレスのもと）になりつつありました。もう完全に依存していたので、「じゃあ、タバコを吸うのをやめよう」ときっぱりとやめることもできません。徐々に「タバコを吸わなくてよい身体になれればよいのになあ」と思うようになりました。タバコを吸わなければならない自分にうんざりし始めました。こうやって少しずつ禁煙に対する動機づけが醸成されていきました。

禁煙に向けての試行錯誤（つまり失敗し続け）

そこで何度か（というか、何度も！）禁煙にチャレンジすることになりました。「何度もチャレンジ」ということは、つまり失敗し続けたということです。最初は気を強くもってタバコを断とうとしましたが、依存症にしょせん「気合い」は無理なんです。専門家として知っているはずなのに、自分のことだと、ダメですね。たとえば夜、家に帰るとき、「もうタバコは一生やめた！」と心に決めて、駅のごみ箱に吸いかけのタバコの箱を捨てて帰ったりしていました。しかし結局、夜中にコンビニにタバコを買いに走ったりして、全然ダメでした。これなんか依存症者の行動そのものですね。

徐々に本数を減らそうという試みもしました。今日は20本、明日は19本、明後日は18本……とちょっとずつ減らせば、心身共に慣れていくと思ったのです。しかし、これも本数を減らすこと自体がプレッシャーになり、結局かえってそれがストレスとなり、そのコーピングのために吸ってしまう、という悪循環でした。本当に自分で自分が嫌になります。

そうそう、こんなバカなこともしました。ちょっとずつ減らすのは難しいので、「人生最後の100箱」をまとめて買ってみたのです。1箱20本ですから「人生最後の2000本」ということになりますね。残り2000本もあれば追い詰められないので、かえってやめやすいのではないか、という魂胆でした。そのときはタバコの箱に「1」「2」「3」……「99」「100」とマジックで数字を書いて、「100」の箱からカウントダウンしながら吸っていくことにしました。「1」の箱を吸い終わったら、それが人生最後のタバコで、あとは2度と吸わないということにしたのです。一種の問題解決法ですね。しかしこれも見事失敗。最後の「1」の箱の封を切る前に、「これでやめられる気がしない」と思って、もう次のタバコを買ってしまいました。「私は一体何をやっているんだろう」と情けなくなった記憶があります。

しかしこうやって何度も禁煙に失敗することによって、「自分はタバコ依存なんだ」という自覚だけは強まっていきました。一方、社会はますますタバコが吸いづらい環境に変化していきます。「どうにかしなくちゃ」、さらに真剣に思うようになりました。今なら観念して禁煙外来に通っていたでしょうが、当時はそれほど気軽に受診できる状況ではありませんでした。

とうとう禁煙の継続の成功！

それまでの禁煙の失敗からわかったのは、「1つのやり方だけじゃダメだ」ということでした。いくつかの方法を組み合わせたハイブリッド禁煙によって、私は人生最後の禁煙にチャレンジすることにしました。その方法を以下に紹介します。

「禁煙貯金」の前借で時計を買っちゃった&自分への誓い

禁煙すると、「吸ったつもり」で貯金をする「禁煙貯金」についてはよく聞きますよね。

当時一箱280円だったので、1日1箱吸うとして、1日につき280円を貯金していくのです。10日で2800円、1か月で約8500円、決して小さなお金ではありませんが、その方法だとまどろっこしく、再び挫折しそうな気がしました。そこで禁煙貯金の前借をすることにしました。先にまとまったお金で欲しかったオメガの時計を買ってしまうことにしたのです。時計は約16万円。280円で割ると、571日分に相当します。16万円とはめちゃくちゃ大金ですが、タバコをやめたら2年もせずに買える金額です。

私は自分と約束しました。「オメガの時計を先に買ってしまおう」と。約束というか誓いです。もし1本でもタバコを吸ったら、その時計は質屋に入れてしまおう。この誓いはなぜか私の心にスッと入ってきました。私は早速時計を購入しました。ゴールドとシルバーのコンビネーションで、デザインもとても気に入りました。思いのほか、左手首につけたその時計がよい「リマインダー」となりました。「タバコを1本でも吸ったら、このお気に入りの時計を質に入れなければならないのだ」と思うと、「よし！　禁煙を継続しよう」と強く思えたのです。

禁煙ガム

とはいえ、自分がニコチンという物質に依存していたのは自覚していたので、禁煙によっていきなり完全にニコチンを断つのではなく、そこは禁煙ガム（ニコチン入りのガム）に頼ることにして、まずはタバコをガムに置き換え、そのうち徐々にガムの数を減らすことにしました。タバコを吸わないで、禁煙ガムを噛むと、ニコチンの成分が身体に入ってきて、身体が落ち着くのがわかります。「やはり身体的にも物質依存だったのだなあ」と実感させられる瞬間でした。最初は吸いたいと思ったらガムを噛んでいましたが、「ガムを噛む」という行為には依存しないで済んだようで（そもそも禁煙ガムは苦くて美味しくない）、3か月ぐらい経って徐々にガムの数を減らしていき、半年ぐらいで噛まずに済むようになりました。

オンラインの自助グループ

もう1つ、めちゃくちゃ助けてもらったのが、「禁煙の森」というインターネット上のオンライン自助グループでした。そこでは、禁煙に成功した人、禁煙中の人、禁煙を検討している人、禁煙に失敗した人など、様々な人が「禁煙」をテーマに集まっており、自分の現状を報告し、仲間同士で励まし合う、ということが行われていました。皆、本名は名乗らず、ハンドルネームで呼び合っていました。「今日で禁煙して●●日目」とか「吸いたくなったが、吸わずに乗り切った」とか「タバコを吸っている夢を見ちゃった」とか正直に現状を打ち明けると、必ず誰かがそれに気づいて、励ましたり褒めたりしてくれます。それが嬉しくて、一時期はしょっちゅう投稿していました。また同時期に禁煙を始めた人と励まし合ったりもしていました。依存症には自助グループが非常に有用であるとはよくいわれることですが、そのことを私は身をもって知ることができました。これはとてもよい体験でした。

エクスポージャーと呼吸法

それでも「吸いたい波」にはしょっちゅう襲われていました。特にお酒の席で、誰かが美味しそうにタバコを吸っていると、「1本ちょうだい」とねだりたくなります。タバコを吸う夢もしょっちゅう見ていました。夢のなかの私は、とても美味しそうにタバコを堪能していて、目が覚めてから愕然とすることが何度もありました。ニコチンはガムで摂取していたので、これらは心理的依存を表している現象だと思います。「ここは心理学の専門家としてセルフ認知行動療法だ！」と心に決め、吸いたい衝動にはエクスポージャーを適用し、吸わなくても時間が経つうちに衝動に耐えられること、衝動が小さくなってくることを繰り返し体験するようにしました。またタバコには呼吸効果があったことを思い出し、「呼吸に親しみ、呼吸と仲良くすることについての話」で紹介したような様々な呼吸法を日々、こまめに実践しました。これらも非常に効果的だったと思っています。

そんなこんなで、私は２００７年6月15日から今に至るまで、１本もタバコを吸っていません。今年で丸15年が経ったことになります。今ではタバコを吸いたいとは思わなくなりましたし、夢も見なくなりました。タバコを吸わずにいられる心と身体を得ることができて本当によかったと思います。オメガの時計は今でも大切に使っています。仮に禁煙貯金をしていたら今頃１５０万円以上は貯まっているはずなので、時計は高かったのですが、たんまりお釣りがたまっている状況です。前は「仮に明日死ぬなら1本タバコが吸いたい」と考えていましたが､今は「タバコを吸わないクリーンな身体のままで死にたい」と思うようになりました。そういうわけで、何かに依存して、そこから回復するのは簡単ではなく非常に大変だ、ということを、私はタバコを通じて身をもって知ったのです。いやはやいやはや。

衝動的かつアディクション的な特性があり、いろいろやばかった話

私は、おそらく生まれつきの特性として、衝動性が高く、いろいろなことにハマりやすいアディクション傾向があるということを自覚しています。診断はつかないと思いますが、ＡＤＨＤ（注意欠如多動症）の傾向が色濃くあるのでしょう。思い返すと、「あのときやばかったなあ」と背筋がヒヤッとすることがあれこれあり、「まあ、よく致命的なことにならず、ここまで生きてこられたなあ」と感心（?）してしまいます。カウンセリングを受けに来るクライアントにも、ＡＤＨＤの診断がついていたり、私と同様診断まではつかなくてもその傾向がある人は少なくないし、アディクションの問題を抱えている人も少なくありません。そんな方々にお伝えしている私自身の特性や傾向について、ここで具体的に書いてみましょう。

ゲーム

すでに書きましたがゲームセンター通いに一時期ハマっていました。朝イチでゲーセンに行ってギリギリまでゲームをやってから仕事に行くとか、仕事の後、ゲーセンに駆け込み、閉店間際までゲームにかじりつくとか。今思えば、ハマりすぎもいいところです。これも先述しましたが、カウンセリングの仕事を始めた直後は、パンパンになった頭と心を解放するために通っていた面が大きかったかな、と思います（言い訳ですが）。ゲーセンのゲームは1回100円が多かったため、また私のテトリスの腕前は相当だったため、あまりお金をかけすぎることはありませんでしたが（あとで述べる競馬に比べたら全然安いものでした）、とにかく時間をかけすぎました。地方に出張に行ったときも、空き時間があればゲーセンでした。そんな時間があったら、観光すればよかったのにと思います。

どんな理由か忘れましたが、いつの間にかゲーセンに行く頻度が下がり、そのうち行かなくなりました。他に別のブームが来たからでしょうか。ゲーセンに私の大好きなテトリスがなくなってきたのも大きな理由かもしれません。今でもテトリスは大好きで、飛行機で国際便に乗ると、いそいそとテトリスを始め、出血しそうなぐらい目が疲れても、もう止められなくなってしまいます。数年前、台湾からの帰国便でずっとテトリスをやっていて、着陸近くになっても終わらないため、「やめなくちゃ」と思いつつ続けていたら、CAさんにとうとう叱られてしまいました。私にとってテトリスはやばいゲームなんです。

競馬とカジノ

一時期、競馬にもめちゃくちゃハマっていました。「勝馬《かちうま》」という競馬新聞を愛読し、毎週日曜日の中央競馬のレースの予想を1週間かけて行い、日曜日になると、水道橋の場外馬券場にいそいそと通っていました。そこで赤鉛筆を耳にはさんだおっちゃんたちに交じって、第1レースから最終12レースまで、馬券を買ってはレースを見て、ということを繰り返していました。たまーに競馬場まで出向くこともありましたが、基本的には場外馬券場で馬券を買って、お金を儲けることを目指していました。馬が好き、というより馬券を買うのが好きだったんです。

特にたまらなかったのは、馬券を買ったレースをリアルタイムで見るときの高揚感です。モニターをおっちゃんたちと眺めて、「行け～！」「逃げろ～！」「差せ～！」などと叫びながら、自分が馬券を買った馬がトップでゴールする様子を見るのは、ドーパミンがドバドバ出まくって、もう本当にたまりません。とはいえ、馬券が当たるのは、実際はほんのときどきです。大体は外れるんです。そして所持金を減らして帰宅するのです。お金なんか実際には儲かりません。

なのに、「今度こそは」と前向きに気を取り直し、研究に勤しむのです。負けたときに「負けちゃった、もう止めよう」と思うのではなく、「今度こそは勝ってやる。今日負けたんだから、次には勝つに違いない」と思うのは、もうすでに認知がおかしなことになっていますが（でも、ギャンブラーあるあるでしょうね）、とにかく前向きで強気なんですよね。

というわけで、一時期、めちゃめちゃ競馬にお金をつぎこんでいて、生活費を侵食するぐらいになっていました。うっすらと「やりすぎなんじゃないか」という思いはあったのですが、とにかくハマっていたので、その思いを打ち消して馬券を買っていました。しかし、ある日、「これは本当にまずいかも」と思う瞬間が来ました。その頃、私は軍資金がないとクレジットカードでキャッシングして現金を作る、ということをしていて、それ自体、もうすでにやばいのですが、その日、そのキャッシングしたお金で、帰りの交通費とその日の夕食代だけ取っておいて、11レース（メインレース）で勝負に出て、見事に負けてしまいました。それまでの私だったら、そこで諦めて帰宅するところを、そのときの私は、なんと交通費と夕食代をつぎ込んで最終12レースの馬券を買ってしまったのです。「やばい。これで負けてしまったら、私は家まで帰れないし、ご飯も食べられない」と思いつつ、「いや、ここまで来たなら、いさぎよく全てを賭けるんだ！」と全財産を馬券に変えてしまったのです。

幸い、12レースで勝てたので（これはもう本当にラッキーだったとしかいいようがない）、私は電車で帰宅し、夕食を食べることができましたが、この行動に私自身ショックを受けました。「これはちょっとした病気かもしれない」（当時、ギャンブル依存症という病気があることを私はまだ知りませんでした）と思ったのです。こんなことを続けていたら、必ず経済的に破綻するだろうと思ってゾッとしました。そして実際、これを機に、場外馬券場に行くことを止めてしまいました。あっさり止められたのだから、依存症までは行っていなかったのかもしれませんが、かなり危ないところまで行ってしまっていたと今でも思います。

競馬でもこうなっちゃうので、もちろん他のギャンブルにもはまりやすい傾向があるのでしょう。一時期、合法的なコインカジノ（セガが六本木でやっていた）にも足繁く通っていました。ブラックジャックというゲームがお気に入りで、それなりにつぎ込みました。ただし動かすのはコインのみで、現金ではありません。「ああ、いつか海外で本当のカジノに行ってみたいなあ」と願っていました。

その願いがかなったのは、数年前、マカオに旅行したときです。とうとう本物のカジノで現金に換算できるチップを賭けてブラックジャックに臨んだのです。初めて行ったカジノで大儲けができるほど甘くなく、また所持金が少なかったため大負けするところまで行きませんでしたが、数万円をあっという間にスッてしまいました。それでもめちゃくちゃ楽しかったんです。というわけで、このとき、あらためて自分がギャンブルにハマりやすいやばい体質だ、ということを知りました。今も、この文章を書きながら、自分の身体が熱くなっているのを感じます。だから日本にカジノを作るのは反対です。私のような人間はのきなみギャンブル依存で、破産していくでしょうから。

万引きで捕まっちゃった!

私や妹たちを育てた母は、金銭的に厳しく、小遣いはだいぶ制限されていました。またおやつの量も厳しく制限されており、いつももっとお菓子を食べたい、自由に食べたいだけお菓子を食べたいと思っていました。そこで思いついたのが万引きです。ここがおそらく私の特性で、我慢する方向に行かないんですよね。我慢ではなく、盗んででもお菓子を食べたい、という方向に行ってしまうんです。

そういうわけで、2歳下の妹（私には2歳下の妹と8歳下の妹がいます）と一緒に、スーパーでお菓子を万引きしては2人で食べる、ということをしていました。今思うと恥ずかしいのですが、その当時、それにはなんの罪悪感もありませんでした。「見つからなければいい」と思っていたのです。万引きして妹と2人で食べるお菓子の味は最高でしたし。スキーマ療法で扱う早期不適応的スキーマ（人生の早期に形成され、後にその人を生きづらくさせるスキーマ）のなかに、「自制と自律の欠如スキーマ」というのがありますが、自分にまさにそのスキーマがあることが、このエピソードからもうかがえます。先の馬券やゲームのエピソードからもわかるとおり、とにかく自制とか自律というのが大の苦手なのです。

ともあれ私は、妹とスーパーで万引きするのが常習化していましたし、うまくやっているつもりだったので、捕まるとは思っていませんでした。子どもの浅知恵です。しかしあるとき、お菓子を盗んでお店を出たところを店員さんに捕獲されてしまいました。特別な部屋に連れていかれて、説教され、もう2度としないことを約束させられ、何かの書面に拇印を押すようにいわれました。「今回だけは誰にもいわない。だから2度としないように」といわれ、「ああ、母親には連絡しないんだ」と思って、めちゃくちゃ安堵したのを覚えています。母親に叱られるほうが怖かったんですね。これを機会に万引きはピタッと止まりました。「捕まることがある」というのを知ってしまったからです。どうも私は「本当にやばい」と思うと、アディクション的な行動をピタッと止めることができるみたいですね。競馬でも万引きでも。だから何とか破綻せずにここまで来ることができたのでしょう。危ない危ない!

ちなみにこの万引きの話をここに書くことについては、妹の許可を得ています。母はすでに亡くなっているので、このことで母に叱られることもありません。ちょっと寂しい気もするから不思議なものです。

その他まだまだ色々なエピソードが

衝動性とアディクションについては、まだまだネタがあり、このままずっと書き続けられそうです。大学生のときにクレジットカードを手に入れた私は、限度額まで洋服を買ってしまってリボ払いでの返済がめちゃめちゃ大変だったとか、もっとも幼い頃の記憶がマッチをいたずらして火傷をしてしまったこととか、今でも不注意で定期的に火傷をしていることとか、幼稚園バスで前に座っている子の帽子のリボンをいきなり引きちぎって問題になったこととか、小学校のとき男子児童のジーパンを勝手に交換して問題になったこととか、小6のとき担任の先生にいわれた一言が気に入らなくて突然帰宅してしまったこととか、高校の化学の授業で「流しに捨てちゃいけません」と先生に言われた薬剤を流しに捨ててみたら火がついて面白かったので捨てまくっていたら炎が上がって危うく火事になりかけたこととか（めちゃくちゃ叱られた）、小学校のとき校庭の雲梯《うんてい》にぶら下がるのではなく雲梯の上を歩いて（なんでそんなことをしたのかわからない）落下し、その際に手首を雲梯にぶつけて骨折したとか、ペットボトルの蓋をちゃんと閉めないでバッグに入れてバッグのなかが水浸しになることが何度もあることとか（これはどちらかというと不注意のエピソードですね）、日付の間違いをしょっちゅうしておりホテルのチェックイン時にそれが判明して面倒なことになることが何度もあったりとか（これも不注意のエピソード）……、こうやって並べてみると、枚挙にいとまがありません。よくこれまで無事に生きてこられたと思うぐらいです。

以上、衝動性と不注意とアディクションに関するちょっとした自己開示でした。これからは自分の特性をさらに自覚し、気をつけて生きていこうと思います（反省文みたい）。

タバコ
ギャンブル
アルコールに
まみれて
馬

両親に巻き込まれ続けてきた話

自分がこの世に生まれてくることを含め、親に巻き込まれない人なんていないと思うのですが、私はおそらく必要以上に両親（表向きは特に母親）に巻き込まれて生きてきてしまったことを、自分でスキーマ療法を実践したときに痛感したので、それについて書きたいと思います。この話、ちょっと長くなりそうです。

私は長女として、東京都で生まれ育ちました。父と母は職場で知り合い、父が30歳、母が20歳のときに結婚しました。後に母がいうには、「まだ若かったのに、10歳も年上の男に騙されて結婚した」とのことでした。結婚して母は専業主婦になりました。母は23歳のときに私を身ごもり、24歳になった翌日に出産しました。その後、母はさらに2人の娘を出産したので、私は2歳下と8歳下の妹との3人姉妹の長女ということになります。

父は小さな会社で営業の仕事をしていました。仕事柄、よく酒を飲んでいましたが、父は酒にだらしがないところがあって、飲酒運転をして事故を起こしたり、母の実家で正月を過ごしていたときに酒に酔って羽根つきをしている最中に転倒して脚を骨折したり（正月早々に救急車を呼んだ）。そのときは母の実家近くの病院に何か月も入院する羽目になり、母はそのことで父をずっと恨んでいました。あとから聞いたのは、実際に父が怪我のために何か月か休職したせいで、経済的にはかなり大変だったということでしたので、母の恨みもわからないではありません。

この怪我の件があってもなくても、私が物心ついた頃から、両親の関係は良好ではありませんでした。両親の仲のよい姿を私は見た記憶がありません。主に母が父を嫌っていたのです。母は私たちの前では父のことを「あの男」とか「あのハゲ」と呼んでいました。私が幼い頃に父は頭髪が薄くなり始めたのですが、母はそのことをあからさまにあげつらい、罵っていました。今思えば、ひどいルッキズムですね。

私が小学校3年生の2学期までは、家族は足立区綾瀬の団地に住んでいました。周りには子どもが多く、皆で楽しく公園で遊びまわる子ども時代でした。小3の3学期に、千葉県柏市のはずれに家を買ってそちらに引っ越しました。私は学校が大好きな子どもで、転校前も転校後も学校にはすんなり適応し、友だちもそれなりにいて、楽しく通学していました。柏に引っ越したことで、父は都内まで長距離通勤になり、朝6時台には家を出ていました。父は本当は母にも一緒に早起きしてもらって、朝食を用意し、見送ってほしかったらしいのですが（綾瀬のときには母はそれをしていた）、柏に引っ越してからは、母は「自分は朝が弱くて、早起きできない」という理由で、父と一緒に起きることはなくなり、父は1人で起きて朝食をとって出勤していました。母は朝起きるのが本当につらかったようで、私たちが通学する時間帯にも1人で寝ていることがよくありました。それについて私は特に不満があるわけでもなく、「そんなものか」という感じで、子どもたちで朝ごはんを用意して学校に行っていました。

ただ、そのことが1つの要因だったのか、柏に引っ越してから、両親の関係がはっきりと悪くなりました。というより、母がさらに明確に父を嫌うようになりました。母はひっきりなしに父の悪口をいうようになりました。もっぱら聞かされるのは、長女である私です。「あの男のせいで私は不幸になった」「あのハゲなんか帰ってこなければいい」などと、延々と父に関する愚痴を聞かされました。いつも不機嫌な母と異なり、父はわりといつも上機嫌で、子どもたちには優しく、私は父が大好きだったので、母からそのような悪口や愚痴を聞かされるようになって困惑していました。

父は仕事が忙しく（というか、営業職だったため、毎晩のように接待があった）、帰りがとても遅くて、私たちが寝たあとに帰宅し、起きる前に出勤するという生活で、休みは日曜日だけでした。でもたまに（月に1度、あるかないか）、夜8時頃に帰ってくることがあり、私たち子どもはそれをとても喜びました。なにせ怒りっぽい母と比べると、父は優しいので、帰ってくるだけで嬉しかったのです。しかし私たちが父の早い帰宅を喜ぶと、母の機嫌が悪くなります。「なんでこんな早い時間に帰ってくるのよ」と父を罵ります。せっかく喜んでいたのに、母のそういう言動を見て、やはり私は戸惑ってしまいました。

私が小学校高学年になり、さらに中学生になる頃には、母が父をあからさまに罵る回数が増えていきました。おおむね父はそれに耐えていたのですが、耐えきれなくなると母にいい返し、母も黙っている人ではなかったので、しまいには喧嘩になり、ときたま父が母に手を上げました。私たち姉妹の目の前で、です。私はその光景に耐え切れず、そのたびにギャン泣きしましたが、父と母は自分たちのことで手一杯だったので、泣いても放っておかれ（下の妹もたいてい一緒に泣いていた）、そのうち泣き止んで、何事もなかったかのように振る舞う感じでした。成長するにつれて「離婚」ということを知った私は、なぜ2人が離婚しないのか、心底不思議でした。特に母はあれほど父を嫌っていたわけですから。

これはずっとあとになって知ったことですが、母は学歴が中卒で、それに大きなコンプレックスを抱いており、仕事をすることを諦めていたらしいのです。離婚して、シングルマザーになる、という選択肢がそもそもなかったのでしょう。どんなに嫌いでも、父親の稼ぐお金で一家が暮らすよりなかったのです。しかし小さな企業に勤める父の月給はさほど高くなく、母はそれにも大きな不満を抱いていました。離婚はできないけれども、結婚し続けることも不満だというのは、なかなかしんどい状況だったと思います。

父は、唯一の休日であった日曜日には、ほとんど自分の部屋にこもっており、食事のときだけリビングで私たちと合流しました。食事中も両親が会話することはほとんどなく、私が気を遣って、あるときは母に話しかけてみたり、別のあるときは父に話しかけてみたりするものの会話は展開せず、という何ともいえない気まずい時間が続くのでした。食事が終われば、父はそそくさと自室に戻ります。母は父のことを「臭い」「汚い」とよく罵っており、父の自室も「男部屋」と呼んで忌避していました。2つあったトイレも1つは父専用で、そのトイレも母は「臭い」と嫌がっていました。家での父は孤独だっただろうな、と思います。大人になってから当時のことを父と話題にすると、「苦痛だった」といっていました。そりゃそうだろう、と思います。

家族がこんな感じなので、家族全員で楽しくお出かけするなんてことはほとんどありませんでした。ただ、他の家庭のことはわからないし、「そんなもんだ」と思って、さほど気に留めていませんでした。そんななかで、確か私が小5、上の妹が小3のときに、ある日曜日、父親が「3人でお出かけしよう」といって、母と下の妹を家に残し、電車に乗って遊園地に連れて行ってくれました。父とのお出かけなんてめったにないから(というか、これが初めてだったかもしれません)、私たちは嬉しくて舞い上がってしまいました。実際、3人で出かけた遊園地はめちゃくちゃ楽しくて、夢のような1日だったのです。今でもそのときのワクワク感はそのまんま残っています。

しかし、そういう楽しい気持ちのまま帰宅したところ、母の様子がおかしいことにすぐに気がつきました。母は外出した私たち3人に対して怒り狂っていました。私は混乱しました。なぜ父や妹と楽しく遊園地に行ってきただけなのに、母に激怒されなきゃいけないんだろう。「遊園地に行ってきたの？　楽しかった？　よかったね」と言ってもらいたいだけだったのに、まるで罰せられるかのように母に怒りをぶつけられてしまいました。怒りの収まらない母は、食器を何枚も流しに投げつけて割っていました（これは怒ったとき母がときどきやる行為でもありました）。楽しかった気分は一瞬で吹き飛びました。父との楽しい思い出が母の怒りで終わってしまったのです。子ども心ながら、怒っている母が同時に傷ついていることもわかりました。この件でもちろん私自身も傷つきました。父と楽しく過ごすこと自体が母を傷つけるんだ、ということを知ったことで自分が傷ついたのです。

これも大人になって、ずーっとあとになってから知ったことですが、その前日に両親が喧嘩をしたらしいのです。その翌日に父が行先も告げずに上の娘2人を連れてどこかに行ってしまい、1日中帰ってこないので、母は大変心配したとのことでした。母にしてみれば、父が自分への腹いせに娘2人を誘拐したぐらいの気持ちだったらしいのです。あとになってこのような事情を聞けば、「なるほど、そういうことだったのか」と理解はできますが、そのときの私には「あんなに楽しかった気持ちも、一瞬でぺしゃんこになっちゃうんだ」ということを学ぶ体験になってしまったのでした。

前にも書きましたが、母からするとうんと年上の父と結婚したものの、小さな会社に勤める父の給料は、大企業に勤める人に比べると少ないし、頭は禿げるし、身体は臭いし、甲斐性がないことこの上なかったのでしょう。「あんな男と結婚しなければよかった」という後悔を、長女の私に何度も何度も話して聞かせました。私は母の話をいつも黙って聞くしかありませんでした。母の話を聞いているときは、母が気の毒に思えてしまうからです。でも一方で、「だったら結婚しなきゃよかったのに」という思いもありました。ただ2人が結婚しなければ、自分は今、この世にいないわけですから、そう思うとその考えの行きつく先が見つかりません。

母はそういった話を、妹たちにではなく、私だけにし続けました。小学生のときも、中学生のときも、高校生のときも、ずっとです。そしてだんだん気がついてきたのが、母は、甲斐性のない嫌いな夫（私の父）は夫とみなさず、娘である私を夫代わりにしようとしている、ということでした。母の話を聞き、母を理解し、母を幸せにする存在として、夫（私の父）をあきらめ、その役割を娘である私に求めてきたのです。もちろんはっきりとそういったわけではありませんが、私は明確にそう感じるようになりました。自分でいうのも変ですが、子どもの頃からそれなりに明晰で、母の話を理解し、さらに受容的な対応ができたので（というか、受容的な対応ができるように仕立て上げられた面があるのでしょうが）、母は安心して自分の本心を私だけに吐露し、「カウンセリング効果」を得ていたのだろうと思います。実際、「私の本音を話せるのは絵美ちゃんだけ」といわれたことが何度もありましたし。そしてそういう役割を果たす私を母は大好きだったのでした。

一方、私も母のことは好きでした。だってこんなふうに自分の本当の気持ちを私だけに打ち明けてくれるし、私を頼ってくれるのですから。だから母にはよく叱られてもいましたが、この人に自分が見捨てられることはないだろうと安心していた面もあります。

母親は感情的に安定しておらず、すぐに機嫌が悪くなる人でもありました。機嫌が悪くなると取りつく島がなくなるし、そういうときは余計なことをいうとやぶへびになりますので、いったん離れて傍観するしかありませんでした。母の機嫌が悪くなるシグナルは、自分を守るためにも早めに見極める必要があります。ですから私は母の機嫌には敏感でした。それだけでなく母との関係における父の機嫌にも敏感でした。基本的に父は感情が安定している人だったのですが、母との関係においては、母が前述のような態度で父に接するので、我慢ならなくなると父もキレてしまうのです。私はそういう両親の関係を見るのがものすごく嫌だったというか、怖かったので、2人の関係が悪くなる徴候にも敏感にならざるを得ませんでした。要は2人が今どういう関係なのか、比較的安定しているのか、それとも悪化する入口にいるのか、かなり悪化してしまっているのか、常に気にかかっていたのです。

夜、妹2人が先に寝てしまい、私1人がまだ起きて2階の寝室にいて、母が1階のリビングに1人でいるときに父が帰宅するようなことがあると、私はその2人がこのあとどうなるのだろう、と心配になり、階段の最上部でずっと聞き耳を立てて2人の雰囲気を探るようなことが何度もありました。2人がまあまあ穏やかな感じで言葉を交わしていると安心し、2人の間に何かピリピリしたものを感じると「これ以上ひどいことにならなきゃいいが」と緊張して身体を硬くしていました。2人の関係に私は完全に巻き込まれており、そういうときには安心して過ごすことができませんでした。

私が成長するにしたがって、母はさらに私に精神的に頼るようになってきました。前述のように私は母の話を聞く人であり続けました。とはいえ、私と母は本や映画の趣味はよく合っていたので、そういう話をするときは私も楽しかったのです。でも母のメッセージはそれにとどまらず、「あなたは私の夫（パートナー、恋人）として、私（母のこと）を幸せにしなければならないのよ」という母の要求を、私はさらにびんびんと感じるようになりました。その要求には私のキャリアも含まれます。母は私に輝くキャリアを期待していました。勉強ができ、音楽の道を諦め（これは母にとってはよいことだったのです）、社会的なスキルもそこそこあって、有名大学（慶應義塾大学）に進学した私は、バリバリのキャリアウーマンになれると見込んだのでしょう。キャリアウーマンとしてうんと働き、うんと稼いで、母をさらに満たす存在になることを求めていたのだと思います。

……といったことを、今ならこのように言語化できますが、当時の私はそこまで明確に理解できてはいませんでした。しかし母と一緒に暮らすことに、ものすごい息苦しさを感じるようになっていました。このままだと母に自分の人生を乗っ取られるような危機感がありました。その頃、千葉敦子さんの著作を読み始めた影響もあり、自立して一人暮らしをすることに対するあこがれが抑えられなくなってきてもいました。そういうわけで、20歳のとき、実家を出ることを決意しました。今思えば、これはスキーマ療法的には、私の「ヘルシーアダルトモード（健全な大人モード）」が、母に乗っ取られそうになった自分を必死に救おうとした、ということなのでしょう。物理的に距離を取ってしまえば、心理的にもある程度距離を取らざるを得なくなる、と当時のヘルシーアダルトモードが戦略を立てたのだと思います。この決断は結果的に私を救ったと今でも思っています。

私は1人で、荒川区の日暮里のアパートを契約し（風呂無しトイレ共同で家賃が2万7000円でした。大学生のアルバイトで何とか払える金額です）、「アパートを契約した。来週、この家を出るから」と母に宣言して、友だちに車を出してもらって身の回りの物だけ持って家を出てしまいました。母は半狂乱になりました。「そんなこと絶対に許さない」といいましたが、私はそれを無視して、引っ越しを強行しました。

一人暮らしは快適でした。アルバイトで家賃と生活費を稼ぎながらの風呂無しアパート生活にはそれなりの苦労がありましたが、母の「夫」「パートナー」であり続ける苦しさに比べれば雲泥の差です。のびのびと一人暮らしを楽しみましたし、解放感を満喫しました。そういう私に母はいつまでも怒っていましたが、かといって私が恋人であることには変わりはなく、また私も母と縁を切るつもりはなかったので、定期的に外で会うようになりました。具体的には月に1度、銀座などで待ち合わせをして映画をみて食事をする、という感じです。まさに「デート」ですね。母はもっと頻繁にデートをしたかったみたいですが、私にはこれぐらいの頻度や距離感がちょうどよかったのです。月に1度であれば、そして外で会う限られた数時間であれば、母の愚痴も文句も余裕をもって聞くことができましたから。

結婚についていえば、私はすでに「母の恋人」「母のパートナー」「母の夫」であったので、結婚願望がほとんどありませんでした。家を出たからといって、その役割が自分になくなったとも思っていませんでした。私自身も、キャリア願望というか、一生仕事をして経済的に自立することを目指していたので、結婚よりも数倍も数百倍も仕事をすることに動機づけがありました（ただ、この動機づけにも怪しい面があります。小さいときから母親に「女性は結婚なんかしなくてよい。女性も社会でバリバリ働くべきだ」と言われ続けてきたので、その刷り込みの影響も小さくないでしょう）。私が仕事を頑張ることは、母の期待に応えることに直結していましたし、母の「パートナー」である私が誰かと結婚するということは母を裏切ることでもあったので、自分が結婚することについてはあえて考えないようにしていた面もあったかと思います。とはいえ、私も恋愛には興味があったので、そのときどきで男性と付き合ったり別れたりはしていました。「母のために恋人も作らない」というほど、巻き込まれていたわけでも、自分を犠牲にしていたわけでもありませんでした。

そんな感じで私は20代を過ごし、30代に入りました。臨床心理士として曲がりなりにも自立して生活できるようになりました。母はもっと華々しいキャリアを私に期待していたので、心理職としての地味な仕事ぶりに若干失望していたようでしたが、それでも娘が東京で自立した職業生活を送っていることは、母にとっても悪くはなかったようでした。

そういえば、こんなことがありました。30歳前後で、母校(慶應大学)の付属高校のニューヨーク校で生徒をサポートするための臨床心理士を募集するという話があり、教授から打診を受けたのです。私は前々からニューヨークには非常に興味があったので(尊敬する千葉敦子さんが、最期の日々を暮らし、亡くなった街でもあります)、ぜひ応募したいと思い、それを母にも話したところ、母は大賛成してくれたのですが、次の一言に私はぎょっとしました。「そうなったら、私もニューヨークに行くから」。え? 憧れのニューヨークで1人で暮らして仕事をしたいのに、そこにあなたがついてきちゃうの? ニューヨークでも私はあなたの面倒をみないといけないの? 私はめちゃくちゃ興ざめしてしまいました。結局この話は、私がまだ博士課程に在学中で、それを中退する決意ができなかったので流れてしまいましたが、このとき感じたのは、「私はこの母から逃れられない」という強烈な感覚でした。「いつまでもどこまでも私はこの人の面倒をみなければならないのだ」という感覚です。何かとってても重い物にのしかかられたかのような感覚でした。

私がニューヨークなり、日本の地方なりに仕事で移住するとして、そこに母を連れていくというのはまっぴらごめんでした。とはいえ、母を見捨てることもできません。となると、母が首都圏にいる限り、私も東京にい続けなければならないのだ、という思いにとらわれるようになりました。「私は1人ではどこにも行けないいんだ」と感じるようになったのです。実際、だいぶあとになって、関西の大学から仕事のお誘いを受けたとき、それがとてもよいお話だったにもかかわらず、即座に断ってしまいました。母を関西に連れていくのも嫌だし、母を置いて自分だけが関西に行くこともできなかったからです。ちなみに母にこの話を事後的にしたところ、案の定「絵美ちゃんが関西に行くなら、私も一緒に行くわ」といわれてしまいました。やっぱり私は1人ではどこにも行けなかったのです。

30代の前半に私は今の夫と出会い、事実婚ということで一緒に生活を始めました。母は私が結婚することについては大反対。特に入籍して、私が相手の姓を名乗るということは、ありえないことだったようです。とはいえ、母の意向がなくても、私自身前々から選択的夫婦別姓制度を望んでおり、自分の姓を変えたいとも、相手に姓を変えてほしいとも思わなかったので、事実婚は自分の意思によるものではあります。しかしそこに母に対する遠慮がなかったのかと問われれば、否定できないような気もします。「私が母と異なる苗字になったら母は嫌だろうし、傷つくだろうな」という忖度もあったように思います。事実婚なら母はしぶしぶ認めるというスタンスでした。ちなみにその前後で、妹たちも結婚し、2人とも入籍して相手の姓に苗字が変わりました。それに母が全く反対しなかったのを見て、「ああ、やはり長女の私だけが、母のパートナーなんだ。私だけが許されないんだ」と改めて感じました。

さて、その伊藤家に事件が起きたのは私が30代の半ば頃のことでした。ある日父から私宛に分厚い封筒が届いたのです。そこには長い手紙が入っていました。手紙には、父がマルチ商法にはまってしまい、借金を積み重ね、ついには父と母が暮らす柏の実家を抵当に入れてしまい、にっちもさっちもいかなくなったので助けてほしい、ということが書かれていました。父も、肝心なときに、配偶者である母ではなく、長女の私に助けを求めてくるのでした。どれだけ私は両親に巻き込まれてきているのでしょうね。

ともあれ、手紙には自殺もほのめかしてあって、私は仰天し、顔面蒼白になり、対応に奔走することになりました。弁護士を探し、借金の整理をしてもらい、抵当権を取り戻すために、あれやこれや動きました。借金の整理に数百万のお金が必要になり、自分のなけなしの貯金を差し出しました（当時は大学院時代の奨学金を必死で返済していた時期で、さほど貯金などなかったのです。足りないぶんは母の実家に助けてもらいました）。実はこの話には、最初に相談した弁護士が知る人ぞ知る悪徳弁護士で、お金を騙し取られそうになったところを、別に相談した弁護士に素早く動いてもらって助けてもらった、というおまけまでついています。

この事件をきっかけに、両親は別居することになりました。父は柏の実家を完全に母に譲り、東京で一人暮らしを始めました。もちろんアパートを借りるときの保証人は私です。そういうわけで、母だけでなく父にも頼られた私は、父親の不始末を全て一気に処理したのでした。そのときはその状況を疑問に思う余裕もなく、「私がやるしかない」と思ってとにかく頑張りました。

その際、別居するにあたって経済面をどうするか、といった話し合いが必要となり、私がマネジメントをして家族会議を開いたのもその頃のことでした。品川のファミリーレストランで一家5人が集まって話し合いを行ったのです。そのときの両親の雰囲気はめちゃくちゃ険悪で（まあ、事情が事情だけに険悪にならざるを得ない）、私が2人の間に入って、なんとか話をつけましたが、私自身、疲れ果ててしまいました。両親の別居のことなのに、当事者2人は自分の感情を調整しようともせずに、その調整を当たり前のように私に丸投げしたのです。さすがに私も怒りを感じましたが、私までそこで怒り出すわけにはいかないので、自分の怒りを抑えて、調整役を果たしたのでした。

そういうわけで、父が家を出て、柏の実家で一人暮らしを始めた母ですが、ほどなくして精神的に不安定になりました。仕方がないので、私は毎日、通勤途中で母に電話をして、母の話を聞きました。また父と別居して、経済的に不安定になった母のために、毎月の送金を始めました。それでなんとかやっていければよかったのですが、ある日、母が泣きながら私に電話をしてきました。「もうこの家には住みたくない」というのです。母曰く、両親が別居したことをかぎつけた近所の人たちが色々と詮索してくるのに耐えられない、ということでした。

まあ、私も東京に住んでいて、母に何かあった場合にかけつけるとすると柏はちょっと遠くて、通うことが難しいので、母に「じゃあ、東京に引っ越してくる？」と訊いたところ、母もそうしたいといいました。母は一軒家に住み慣れており、庭仕事が好きなので、マンションではなく一軒家に住みたいといいます。結局、夫と私が住む最寄り駅の隣の駅の近く（隣の駅というのがミソです。同じ駅は、私は絶対に嫌だったんです。巻き込まれまくるのがわかっていたから）に庭付きの新築一軒家を見つけ、その家を買うことにしました。頭金は柏の実家を売ったお金を充当し、残り数千万のローンを私が負うことにしました。なぜ私がローンを払うかというと、他に払える人がいなかったからです。私は奨学金を返しながら、賃貸マンションに住んでいるのに、母が1人で暮らす家のローンを背負ったのです。これについてはずっと納得のいかなさが残りました。「なぜ自分が住みもしない家のローンを私が払い続けなければならないのだろう」と。

隣の駅で、わりと近いので、母は私がしょっちゅう会いに来ることを望みました。実際、引っ越した当初は私も心配で、なにかと母の家に寄っては家のことを整えたり、母の話し相手になったりしていました。私は夫と楽しく暮らしているのに、近くの家で母が独りぼっちで過ごしていることを思うと、自分が悪いことをしているような気になり、涙をこぼしていた時期もありました。母は本当は私と一緒に暮らしたかったんだと思います。隣の駅という近さでも母にとっては「足りなかった」のでしょう。でも私はそれがどうしてもできませんでした。だからできるだけ会いに行くようにしていたのですが、母は愚痴をこぼし、要求してきます。「せっかくこんなに近いのに」「これでは足りない」「もっと会いに来て」と私は言われ続けました。そう言われるとどうしても罪悪感を抱いてしまいますが、でもこれが私にとっては精一杯だったのです。

妹たちは、2人とも結婚して、上の妹は静岡県に、下の妹は北海道に住んでいました（今も住んでいます）。2人とも、2人ずつ子どもがいます。どちらも男の兄弟です。私にとっては可愛い甥っ子たちです。私自身は結局子どもを産みませんでした。それには様々な理由がありますし、最終的には自分で決めたことなので後悔はしていませんが、母に巻き込まれていたのも1つの理由ではあります。なにしろ私は母の「恋人」「夫」「パートナー」なので、他の誰かの子どもを産むなんてありえないのです。そんなことをはっきりと母にいわれたことはありませんし、当時そういう言語化もできていませんが、そういうプレッシャーという感覚があったのは事実です。実際、母は私に対し「子どもなんか産む必要はない」とははっきりいっていました。

私は両方の妹が結婚して地方に移り住んだときも、「え？　そんなことできるの？」と驚きましたが、2人が妊娠したときには、心底驚きました。今思えば自分がそんなことに驚いたことに驚くのですが、とにかく妹たちが妊娠したと聞くたびに、「え？　妊娠なんかしていいの？　この母の娘なのに、そんなことしていいの？」という自動思考が流れ出てきていました。「この母の娘である限り、つまりこの母のパートナーである限り、よその人の子どもなんか産めるはずがない」というものすごい思い込みが私のなかにあったんですね。子どもを産んだら母を傷つけると私は本気で思っていたのです。何という巻き込まれでしょうか。

これは余談ですが、ずいぶんあとで、たまたま母と私が一緒にテレビを見ていて、CMに俳優の吉永小百合が出てきました。母はなぜか吉永小百合が大嫌いで、そのときも非常に苦々しい表情といい方で、テレビのなかの吉永小百合に向かって「子どもも産んでいない女のくせに」といったのです。私は一瞬、息が止まるほどびっくりしてしまいました。そして「それ、私がいるところでいうの？」と咄嗟に訊いたら、母は黙ってしまいました。私の前でそれをいうのはさすがにまずいと思ったのでしょう。私は深く傷つきました。

両親が別居して数年経ったところで、母が「もうあの男と結婚している意味がない。あいつ（別居してからは「あいつ」呼ばわりもよくしていました）と縁を切りたいので、離婚したい」と言い出しました。父に訊いたところ、父も離婚するのでよいとのことでした。私自身も両親が離婚するのに異論はまったくありませんが、問題はその手続きを誰がするか、ということでした。なんと母は当たり前のように「絵美ちゃんがやってくれるでしょ」と言い放ちました。そして父も私に任せると言ってきたのです。自分たちの離婚の手続きを、当たり前のように私にやらせようというわけです。

両親に巻き込まれ、自己犠牲的になっていた私は、その要請を「断る」という選択肢がありません。仕方なく、私が役所に行って離婚届けを取ってきて、両親の離婚の手続きをすることにしました。手続き自体は大して大変ではありませんでしたが、事実婚で婚姻届けを出していない私が、親の離婚届けを役所に出す、という状況がなんだかシュールでおかしかったです。なかなかこんな人（婚姻届けを出したことがないのに離婚届けは出したことがある人）はいないのではないかと思います。

その後も母は私に頼り続けました。経済的にも母の住む家のローンを返しながら、生活費の仕送りを続けていました。といっても、母を助けたのは私だけではありません。特に静岡に住む上の妹は、母の病院の送迎や生活支援や介護保険に関してなど、ものすごく母を助けていましたし、私もそれに助けられていました。ただ、精神的なサポートをとにかく母は私に求めてきたのです。しかし40歳頃にスキーマ療法に出会い、自分のために実践を始めていた私は、ここではっきりと両親とのかかわりのなかで「巻き込まれスキーマ」や「自己犠牲スキーマ」が形成され、そのスキーマの影響を受け続けてきたことを強烈に自覚するようになり、それらのスキーマを手放したいとも強く思うようになったので、母と心身共に距離を置くことを決意しました。「母は母の人生を生き、私は私の人生を生きる」と、境界線を引くことにしたのです。母と会うのはどうしても必要なときと、月に1、2回の夕食（外食）と、年に数回母とホテルにステイするときのみ、と決めました。

スキーマ療法に出会う前の私は、それほどまでに自分が両親、特に母に巻き込まれているとは知りませんでしたし、母の「まだ足りない。もっと私に尽くしなさい」というメッセージをうのみにしており、足りないことに対する罪悪感がありました。しかしあるとき夫が発した一言にドキッとしました。夫は「君はなんでそんなにお母さんに尽くすの?」と不思議そうに言ったのです。そのとき私は夫に何を言われているのか、全然ぴんと来なくて、「え? 尽くしてなんかいないよ。尽くしていないどころか、まだまだ足りていないんだよ」といったことを咄嗟に答えたと記憶しています。

すると夫が「いや、はたから見ていると尽くしているようにしか見えないよ。なんでお母さんは君だけに求め続けるんだろうね。もう充分だと思うのに」と言いました。このやりとりが決定的でした。勉強中のスキーマ療法の知識とぴったりと重なったのです。私は母親との関係において、「巻き込まれスキーマ」と「自己犠牲スキーマ」に完全にもっていかれていることが、はっきりとわかりました。そして客観的に見れば、自分が母親にめちゃくちゃ「尽くしている」としかいいようがないことも明確に理解できました。「なんだ、私、母にめちゃくちゃ尽くしているじゃん。足りないはずないじゃん。もう充分じゃん。これが充分でないというのなら、それは私の問題ではなく、母の問題だ」。認知が完全に再構成されました。

そういうわけで、右に書いたように、母とは境界線を引き、ときどき会って食事をしたりおしゃべりしたりするだけに留めるようにし、「それでよし」と思うようにしました。罪悪感が徐々に薄らいできました。母と私は映画や本の趣味が合うので、ときどき会ってそういうおしゃべりをするのは楽しいし、美味しいものを母と一緒に食べるのも楽しい時間でした。私はスキーマから解放されていきました。

母との関係では、他にも「無能スキーマ」というのがありました。これは、私が自分を犠牲にしてまで母に尽くさないといけなかったのに、それができなかった（それをしなかった）自分は、人間として、というより母の娘として「無能なんだ」という感覚です。次の項で述べますが、私には左利きで不器用で運動や手続きが苦手なことによる「無能スキーマ」があります。ただ、なんかずっと「それだけじゃない」という感じがしていました。「それだけじゃない、謎の無能感」がずっとあったのです。この無能感は何なのだろう、と謎に感じていました。

ところがある日、岩盤浴をしながら、横になって考え事をしているうちに、「ああ、この『謎の無能感』は、母に対する無能感だったんだ」と急に気がつきました。「私が無能な娘だから、母を満足させられなかった。私が娘として無能だったから、母を幸せにできなかった」という無能感だったのです。これに気がついたときは、なぜか涙が止まらなくなってしまいました。岩盤浴ですでに汗まみれだったのですが、鼻水と涙で顔がぐちゃぐちゃになりました。でも「謎の無能感」の「謎」が解けて、とてもすっきりしました。

母との話をこのまま最後まで書いてしまいましょう。母はもともと身体が弱かったのですが、特に50代後半に入って様々な病気に襲われて、非常に苦しみました。難病指定されている病気にも複数罹患し、何回も手術を受け、障害者手帳も取りました。いつも身体のどこかが痛かったり不調だったりして嘆いていました。様々な病気を抱えながら、よく頑張って生き抜いたと思います。

最後はこんな感じでした。2019年1月に肺炎で入院。2月に軽い脳出血で入院。4月に大腿骨骨折で入院して手術。術後せん妄がひどく、一人暮らしが無理になったので、5月に施設に入ってもらいました。しかし7月に重篤な脳出血を起こして入院。その脳出血のせいで意識をほぼ消失し、口から物を食べられなくなりました。その後転院したり、一時期は上の妹が引き取って介護したりしていたのですが、妹自身が体調を崩し、再度入院してもらうも、十分な看護や介護が受けられず、安心して母を任せられる病院か施設を探しまくりましたが、なかなか見つからず途方に暮れました。

そこで「問題解決法」の項で書いたように、フェイスブックで友人に助けと情報を求めて、そのおかげで丁寧にケアし、看取りまでしてくれる病院を青梅に見つけ、その病院に入院してもらいました。その病院にたどり着いたおかげで、母は丁寧なケアを受けられるようになり、妹の体調も回復しました。

その間、私自身も体調を崩しました。その頃、しょっちゅうお腹をこわすようになり、ある日とうとう何回も下痢した挙句、血便が出てしまったので、近くの消化器内科のクリニックを受診しました。「過敏性腸症候群（IBS）」と診断されたのですが、主治医になってくれた医師がとても素晴らしい先生で、母のことを含む私のストレスの話を丁寧に聴いてくださいました。念のため受けた大腸内視鏡検査で、複数のポリープが見つかり切除したところ、1つは癌化していることが判明し、それも早めに気づいて切除してもらって助かりました。ただ服薬してもIBSがなかなかよくならず、通院は続けていました。主治医のM先生に会ってお話しすること自体が、私にとっては非常にケアになるので、月に1度の通院はむしろ楽しみになっています。

2019年秋に青梅市の病院に入院してから、上の妹と私は月に1度ほど予定を合わせて、もう私たちのことも認識できなくなってしまった母に会いに行っていました。しかし2020年春に日本がコロナ禍に襲われ、そこから定期的な面会が難しくなってしまいました。それでも時間を見つけてガラス越し面会などにそれぞれ出かけたりもしていました。コロナが少し落ち着いた2021年4月14日、私と妹は7か月ぶりに一緒に面会に行くことにしました。とはいえ、直接母に会うことはできず、ガラス越し面会になるとは言われていました。昼過ぎに、私は自分のオフィスから青梅に電車で向かっていたのですが、妹からメールが入り、そこには母の容態がかなり悪いこと、血圧や脈が測れなくなっていることが書かれてありました。私は覚悟を決めました。病院で妹と合流し、特別に病室に入れてもらいました。ここからも母の容態が危ないことがわかります。病院側によれば母はおそらく夜を越せないだろうということで、私たちは待機することになりました。結局15日の未明、母は息を引き取りました。私たちは母の最期を看取ることができました。7か月ぶりに私と妹が一緒に面会に行ったそのタイミングで逝くなんて、なんてすごいことでしょうか。母とは本当にいろいろありましたが、この看取りによって、母から大きなプレゼントをもらったような気がしています。

その後は、葬儀、お墓の選定、四十九日、納骨、新盆、相続、家の整理と売却、その他の手続きでずいぶん忙殺されました。人が1人亡くなると、その後、こんなに様々な手続きがあって大変なんだ、ということを思い知らされました。手続きが苦手な私としてはよく頑張ったと思います。そして2022年3月に一周忌の法要を行いました。これで母のことは一段落ついたとようやくホッとしました。しかし話はそこで終わりません。3月末ぐらいから私は「うつ」になってしまったのです。

最初に「ちょっとおかしい」と気がついたのは、満開の桜の花を見ても、あまり心が動かされなかったことです。そのうち、常に胸のあたりがザワザワし、不安焦燥感にかられ、食欲が失せ、中途覚醒がひどくなり、悲観的な自動思考ばかり生じ、趣味（将棋やピアノ）に興味がなくなり、うつであることを自覚せざるを得なくなりました。5月の末に主治医のM先生に泣きついて、結局、M先生に抗うつ剤と睡眠薬を処方してもらうことになりました。仕事の負担を減らしたほうがよいということになり、今年度は人前で話をする仕事（講演やワークショップ）をほとんど断り、カウンセリングやスーパービジョンの仕事に専念することにしました。一時期はカウンセリングのセッションに集中するのもかなりきつかったのですが、今はだいぶ回復してきており、仕事に支障はありません。いちばんつらかったときは、オンラインでカウンセリングも受けていました。家族やオフィスのスタッフにも現状をありのまま話し、サポートしてもらいました。

まさかこのタイミングで自分がうつになるとは予測していませんでしたが、一連の母のことが、というより母と自分の関係が大きく一段落ついたことによる「荷下ろし」的なうつだったのではないかと今では理解しています。そう理解すると一番腑に落ちるからです。

だいぶ長くなりましたが、以上が両親に巻き込まれてきた私自身のストーリーです。ここに書いたようなことは、ここで初めて想起したのではなく、何年もかけてスキーマ療法を実践するなかで繰り返し想起し、その都度そのときどきの自分の感情を生々しく再体験しています。そのプロセスを通じて、混とんとしていたストーリーが次第に「巻き込まれスキーマ」「自己犠牲スキーマ」に集約し、整理されてきました。すると不思議と心も整理されてきました。スキーマ療法における「振り返り」の作業がいかに重要か、ということを身をもって体験しました。

ここまで書いてきたことは、おそらく一面的で、父と母がこのように生きるしかなかった社会構造の問題はほとんど考察されていません。社会構造やフェミニズムについて学ぶようになった私は、今では、私のスキーマの製造責任が両親だけにあるとは考えていません。一時期は「お母さんらしいお母さん」(って何だろう？　という感じですが……笑)にあこがれていましたが、今では母が無理してそういう「お母さん」を演じることがなくてよかったとも思っています。母はとても正直な人でした。正直な母が正直なままでいてくれたことに今では心からよかったと思えます。母は母の人生を生き切りました。父は今も存命ですが父の人生を生き切ろうとしています。私は２人とは異なる人格をもつ１人の人間として、自分の人生を生き切ればよいのです。

読者の皆さんには、私自身のストーリーをここまで読んでくださってありがとうございました。1つの事例として参考にしていただければ幸いです。

私が実践しているスキーマ療法についての話

前項で、私のもつスキーマの一部（巻き込まれスキーマ、自己犠牲スキーマ、無能スキーマ）について紹介しましたが、実はそれだけでなく、他にもいくつかのスキーマをもち、それらに対するスキーマ療法をこれまで続けてきており、今も実践中です。本書のしめくくりとして、私自身が実践しているスキーマ療法について、具体的にいくつか紹介してみたいと思います。

◌ 私自身が有する早期不適応的スキーマ

「巻き込まれスキーマ」「自己犠牲スキーマ」「無能スキーマ」は私のもつ3大スキーマで、それがどれも親との関係が発端ですが（「無能スキーマ」はそれだけではありませんが）、それがいろいろなことに広がってしまったように感じています。母に対してだけでなく、いろいろな人の感情に巻き込まれやすいですし、相手に対して自己犠牲的に行動してしまうところが私にはあります。様々な場面で「自分は無能だ」と感じやすく、無力感にひたることが多々あります。前にも少し書きましたが、私は左利きで、不器用で、運動神経が鈍く、体育と家庭科が苦手でした。逆上がりや水泳ができるようになったのも同級生に比べて遅く、人と比べて「何かうまくできない」という感覚が常にありました。この仕事に就いてから、WAIS（ウェイス）という知能検査を受けたことがありますが、言語性IQと動作性IQ（注：現在のWAISではこのような区分はありません）の差が40ポイントもあって（言語性＞動作性）、「無駄に頭がくるくる動いて、それに身体がついてこない」というそれまでの自分の感覚（これも無能、無力な感覚です）の理由をようやく見つけた気になったものです。

その他に、私には「自制と自律の欠如スキーマ」（これについては前に書きましたね）と「疾病と損害に対する脆弱性スキーマ」があることを自覚しています。前者は「自分を適切にコントロールできず、やりたい放題になってしまう」というスキーマで、後者は「人生には何があるかわからないし、何かあったら自分ではどうにもならない」というスキーマです。後者のなかでも私に特に強いのは「地震に対する恐怖」です。私は地震が非常に怖く、「地震恐怖症」といってもよいぐらいです。

地震恐怖症になった理由は2つあります。1つは母がやはり地震を非常に恐れていたことです。私は東京と千葉で育ち、これらの地域では地震がしょっちゅう起きるので、本当は慣れてしまってもよいぐらいなのですが、地震を恐れる母が、地震が起きるたびに（たとえ震度1の軽微なものでも）、「地震よ！」と子どもたちを集めて怯えていたのです。それがうつっちゃった、というのが私の地震恐怖の一因です。

もう1つの理由は、幼い頃に見た紙芝居です。小さい頃に私が住んでいた団地には、定期的に紙芝居のおじさんが来て、様々な紙芝居を読み聞かせてくれました。ですからいろいろな紙芝居を見たはずなのに、唯一記憶に残っているのが、関東大震災をテーマにした紙芝居なのです。ストーリーは単純で、原っぱで男の子と女の子が楽しそうに遊んでいたところに、関東大震災が起こります。原っぱに大きな地割れがぱっくりとできました。その地割れにその男の子と女の子が落ちてしまいました。次の瞬間、割れた地面がピタッと閉じたのです。男の子と女の子は閉じた地面に全身が挟まれて死んでしまいました……こういう非常に残酷なストーリーの紙芝居でした。私は恐怖に震え、「関東大震災ぐらいの大きな地震が来たら、地割れに挟まれて死ぬんだ」と思いました。

それ以来、私のなかでは、「地震↓地割れ↓死ぬ」ということがセットになり、小さな地震でも、地震が起きるたびに、「地震↓地割れ↓死ぬ」の図式が活性化されて、怯えまくるようになりました。大人になってから、そして阪神大震災や東日本大震災を経てわかったことは、地震で亡くなる人は少なくないけれども、その直接的な原因は地割れではないということです。建物の倒壊や火災や津波によって人は亡くなるのです。だからこの「地震↓地割れ↓死ぬ」という図式は「脆弱性スキーマ」に過ぎず、真実ではないことは頭ではわかっています。頭ではわかっているのに、気持ちと身体が怖がってしまうのがスキーマならではなのです。

スキーマ療法に出会って、実践を続けるなかで、こんなふうに私は自分のスキーマを理解していきました。実はスキーマ療法の効果の半分は、このような「スキーマの理解」によるものです。自分のなかにある、よくわからない「生きづらさ」が、スキーマを理解することによって、その正体が見えるようになってくるからです。私もそうでした。

早期不適応的スキーマを手放す

前にも述べた通り、両親との関係のなかで形成されたスキーマについて腑に落ちる形で理解できるようになっただけで、そして特に母への対し方を変えていくことで、だいぶスキーマを手放すことができるようになりました。他にも私がどのようにスキーマを手放したのか、あるいは手放しつつあるのか、具体的に紹介してみましょう。

自己犠牲スキーマ：自分に「自己犠牲スキーマ」があることを理解してから、日常的な自分の行動にもそれが行き渡っていることに気がついて驚いたものです。たとえば、道を歩いていて、対面からも歩行者がこちらに向かって歩いてきます。お互いにこのまままっすぐ歩いていけば、ぶつかってしまいます。そのことに気がついた瞬間、私はさっとよけて道を相手に譲るのです。それはほぼ無意識の行動に近いです。相手がまっすぐに歩き続けられるように、自分からよけてしまう、というのは、自己犠牲というのは大げさな表現かもしれませんが、とはいえちょっとした自己犠牲です。これに限らず、この類の行動が自分にものすごく多く、それが自己犠牲スキーマに基づくものだと気がついてから、私は自分の行動を変えることを決意しました。「自動的に相手に道を譲ることはしないぞ。私だってまっすぐ歩きたいんだ」と。

そういうわけで、向こうから歩行者がやってきたとき、それがベビーカーや高齢者なら普通に道を譲りますが、そうでない場合（特に、元気そうな若い人、身体の大きな男の人）

には自動的に自分から道を譲ることを思い切ってやめてみました。すると、多くの場合、私に気がついた相手がさっと道を譲ってくれるのです！　これは私にとってはささやかだけれど、大きな気づきと変化でした。

自己犠牲スキーマその2：気が進まない仕事を依頼されたとき、以前なら、「断ったら相手が困るだろう」と勝手に忖度して、仕事を引き受け、苦労してその仕事を仕上げる、ということをしていました。断るのがめちゃめちゃ苦手でした。これも「自己犠牲スキーマ」によることを理解した私は、対応を変えてみることにしました。今では、仕事のオファーがあったとき、それを受けるかどうかは、チャイルドモードの「えみちゃん」と相談します。そしてえみちゃんが「嫌だ！」といった仕事は断るようにしています。

えみちゃんはわりと好悪がはっきりとしている子どもで、相談すると、「それは好き」「それは嫌い」とはっきりと意思を伝えてくれます。だから「それは嫌いだから、嫌だ」とえみちゃんがいう仕事は、断るようにしているのです。断るとえみちゃんが「よかった」とホッとしているのがわかります。以前なら断ったら断ったで、罪悪感に苛まれていたでしょうが、今は、「えみちゃんが喜んでいるのだからいいや」という以上なんとも思いません。私は他人のためではなく、えみちゃんのために生きているのですから。今回、うつになって、多くの仕事をキャンセルしたり断ったりしているのですが、前の自分だったらそれができずに、無理に無理を重ね、さらにうつを悪化させていただろうと思います。「断る」ことができるようになったのは、私にとってとても大きなことでした。

自制と自律の欠如スキーマ：このスキーマを手放すには、自分に対して「好きにしていいよ」とやりたい放題にさせるのではなく（それをするとかえってこのスキーマを強化してしまう）、「もうそろそろゲームをやめてみようか」「もう遅いから、寝る支度をしようか」「めんどくさいけど、ちょっとだけチャレンジしてみよう」などと、「ガイド」することが重要です。私は放っておけば、スマホでゲームをやり続ける、YouTubeで好きなバンドの動画を観続ける、お酒を飲み過ぎる、夜更かしする、仕事を先延ばしする、めんどうな仕事に手をつけない、といったことをついついやってしまいます。こういうときはまさに「自制と自律の欠如スキーマ」が発動しているのです。

それに気がついたとき私は、本書でも紹介した問題解決法を使って、必要な行動を取れるようチャイルドのえみちゃんをガイドするようにしています。「ゲームはあと10分にして、その後、歯を磨こうね」「めんどくさいのはわかるけど、ＰＣを立ち上げて、ひとまずファイルを開いてみようか」「お酒は今飲んでいる1杯で終わりにして、飲み終わったらグラスをさっさと洗ってしまおうか」「明日は何時に起きるの？　その時間から逆算して、ちゃんと睡眠時間を確保できる時間に寝るようにしようね」といったぐあいです。あまりにも当たり前のことばかりで、書きながら恥ずかしくなってきてしまいましたが、こういった普通のことが私はスキーマのせいでやりづらくなってしまっているわけです。だからこそ問題解決法を使って、１つひとつ自分をガイドして、自分の生活が破綻しないように気をつけています。

疾病と損害に対する脆弱性スキーマ：特に地震恐怖については、実際にリサーチしたことが大きかったです。日本において、地震による地割れで死んだ人はほとんどいないことを「知識」として知ったことが、「地震→地割れ→死ぬ」という図式の反証になりました。とはいえ、地震が怖いことには変わりありませんが、それはある意味普通のことなので、地震が起きたときに生じる恐怖については、「怖いね〜、怖いね〜。そりゃ怖いよね〜」と、ありのまま、マインドフルに受け止めるようにしています。そもそも地震大国日本で暮らすのであれば、大きな地震に見舞われるリスクは常にあるので、これについては「仕方がない。その時々でできることをするしかない」と受け入れています。

無能スキーマ：これについては開き直ることにしました。無能スキーマを手放すために、「自分は無能ではない」「自分だってけっこう有能だ」と思うようにする、というのも選択肢としてあるとは思うのですが、どうもおさまりが悪いのです。なので、むしろ有能であろうとすることを放棄して、「無能で何が悪い？」「無能ですが何か？」「無能だからこそ、皆に助けてもらうんだ」という新たなハッピースキーマをもつに至りました。実際、ありがたいことに、困ったことがあったとき、誰かに助けを求めれば、皆助けてくれ、それで何とかなるのです。

前だと、誰かに助けてもらうと、「無能な自分でごめんなさい」と無能感が強まっていましたが、今は「無能だからこそ、助けてもらうんだ。それでいいんだ」と思えます。特に今春にうつになったときには、本当にしんどかったですが、主治医は親切だし、カウンセラーも的確に助けてくれるし、家族や職場や周囲の人にもカミングアウトして助けてもらったし、そうやって切り抜けたのです。有能になるために自分が頑張るのではなく、できないことはできないといって助けてもらえばよいのだ、ということを体験として知ることができ、ずいぶん気が楽になりました。

チャイルドモードへのアクセスとケア

もう何度か出てきましたが、スキーマ療法では「自分の内なる子ども」のことを「チャイルドモード」と呼んで、チャイルドモードをいかに大切にするか、チャイルドモードの傷つきをいかに癒すか、チャイルドモードの欲求をいかに満たすか、チャイルドモードをどうやって幸せにするか、ということをメインの目標とします。スキーマ療法によって回復するというのは、いい換えると、チャイルドモードに常にアクセスし、適切にケアできるようになることです。

そういうわけで、私自身もスキーマ療法に取り組み始めてから、自らのチャイルドモード（えみちゃん）にアクセスし、ケアするということを日々実践し、効果を感じています。具体的にどうしているかをいくつか紹介しましょう。

ぬいぐるみ：ぬいぐるみの威力はめちゃめちゃ大きいです。ぬいぐるみを抱っこしたり、ぬいぐるみとおしゃべりすることによって、チャイルドモードが出てきてくれたり、アクセスしやすくなる、ということは、私だけでなく多くのクライアントが体験しています。私の場合、映画『シン・ゴジラ』の第2形態のゴジラ（かまたくん）を模した「かま吉」を筆頭に、カメレオンのぬいぐるみである「カメ」、象のおもちゃである「ぞう」、豚の貯金箱である「ぶたくん」の4人を、夫と共に溺愛しています。かま吉たちをだっこして、話しかけていると、えみちゃんが登場し、みんなでおしゃべりしたり遊んだりする感じです。かま吉たちをだっこして、「小さくてやわらかくて可愛い存在を抱きしめる」という行動を取ると、同時に自分のチャイルドモードを抱きしめているような感覚が出てきます。かま吉たちを溺愛すればするほど、えみちゃんを溺愛できるようにもなり、えみちゃんがそれで満たされるのです。

とにかく話しかける：私の場合、おなかのあたりにえみちゃんがいるように感じるので（胸のあたりにチャイルドがいる感じがする、という人も多くいらっしゃいます。人それぞれです）、おなかのあたりに手を当てて、朝起きたら「おはよう」といいます。えみちゃんは「おはよう」と返してくれます。外を歩いていて、空がきれいだったり、雲が見えたりすると、「空がきれいだね。あの雲の形、面白いね」などと語りかけます。えみちゃんは「うん！」と返してくれます。

ときどき私は甘いものを食べます。そのときはえみちゃんが食べたいものを食べさせてあげます。先日私は「久々にシュークリームを食べようかな」と思ってコージーコーナーに行きました。でも数あるケーキを眺めているうちに、えみちゃんが「シュークリームより、苺のショートケーキが食べたい」と言い出しました。そこで私は「いいよ、じゃあショートケーキを一緒に食べようね」といって、シュークリームではなくショートケーキを買いました。それを自宅で一緒に(あくまでもイメージですが)食べました。えみちゃんは「美味しい!」と、とても喜んでくれました。えみちゃんが喜んでくれて、私も嬉しかったです。先にも書きましたが、仕事のオファーがあったときにも、えみちゃんに「どう思う?」と話しかけます。そしてえみちゃんが「どうしても嫌だ」という場合は断ります。断るとえみちゃんはホッとし、機嫌がよくなります。それで大人の私もホッとし、「ああ、断ってよかった」と思うのです。

チャイルドモードとは、おそらく「自分の本当の気持ち」の部分なのだと思います。自分の内なる本当の気持ちを大事に生きていけば間違いない、というのがスキーマ療法の考え方で、私自身も様々な実践を通じて、本当にその通りだなあと思います。今後も、人生には何があるかわかりませんが、どんなことがあっても、私は私のチャイルドモード(えみちゃん)を大切に生きていきたいと思いますし、カウンセラーとしてはスキーマ療法を通じてクライアントがそう生きていけるように手助けしていきたいと考えています。

インナーチャイルド「えみちゃん」と生きていく

おわりに

皆さん、本書を最後まで読んでくださり、ありがとうございました。どんな感想を持たれたでしょうか？

本書の原稿は2022年8月に書き始め、同年10月に書き終えました。書き終わったところで、「本当にこの原稿を書籍化してもらえるのだろうか？」と不安になったのですが、編集者の安藤さんから「おもしろい本になりそうです」とのメールをいただき、深く安堵したのを覚えています。それから約半年後の2023年5月上旬に、本書の初校ゲラチェックを終えた時点で、私はこの「あとがき」を書いています。

半年前に自分が書いた原稿をあらためて読みながら頻発した自動思考は、「あのとき自分は必死にこの原稿を書いていたんだな」というのと、「ここまで自分のことを垂れ流しちゃっていいのかしら」というものでした。

前者の自動思考は、本書にも書きましたが２０２２年の春から私がうつ状態に陥ったことと関係しています。自分がうつであることを自覚し、仕事を減らし、服薬を開始し、ある程度状態が落ち着いたところで、私は本書の執筆を開始しました。２か月ほどかけて集中して書いたのですが、これが一種のセルフセラピーの効果を発揮したのではないか、とあらためて今思います。「書く」という行為自体にセラピー効果がありますし、書きながら自分のこれまでの生き方を振り返ったり、そのときどきで必死で自分を助けながら生きてきたことを確認したりする作業でもありました。そして本書を執筆するという行為自体も、当時（半年前）の私が私を必死で助けることだったんだな、と今になってわかります。おかげさまで今年の桜は「きれいだな」と感動しながら眺めることができました。

もう一つの、「ここまで自分のことを垂れ流しちゃっていいのかしら」という自動思考は、特に後半の家族関係の話や私自身のスキーマについてです。自分でもびっくりするぐらい赤裸々に色々書いてしまいました。こんな超個人的な話に、本当に読者の皆さんが関心を持ってくださるのかどうか、実は今でもかなり不安ではあります。とはいえ、「はじめに」にも書いたように、これらの話は、クライアントさんに対して必要に応じて自己開示しているものでもあるので、それを公にするのはちょっと勇気の要ることですが、本書を読んでくれる方に何かヒントになることがあれば幸いだと思って（認知を再構成しました！）、思い切ってこのまま出版することにします。

あらためて自分の書いた原稿を読み返して感じるのは、紆余曲折ありながらも私は私自身をどうにか助けながら生きてきたし、今もそうやって生きているんだな、という1点に尽きます。今後の人生がどういうものになるかは全くわかりませんが（安泰であって欲しいとは願っていますが、そうはいかないのが人生ですね！）、今後も周りの人の助けを借りながらも、できる限り自分で自分を助けていくことになるでしょう。スキーマ療法の言葉で言えば、「ヘルシーアダルトモード」の絵美さんが、「チャイルドモード」のえみちゃんをケアして生きていく、ということです。皆さんもぜひそうしていっていただきたいですし、ひいては社会が、その社会で生きる人全てのチャイルドモードを大切にするような、そんな場所になってくれることを心から望みます。

最後に本書の提案と編集をしてくださった晶文社の安藤聡さんと、素敵なイラストを描いてくださった細川貂々さん、装丁のアルビレオさんに御礼を申し上げます。ありがとうございました。

2023年5月2日

オフィスにて

伊藤絵美

伊藤絵美 Ito Emi

公認心理師、臨床心理士、精神保健福祉士。洗足ストレスコーピング・サポートオフィス所長。慶應義塾大学文学部人間関係学科心理学専攻卒業。同大学大学院社会学研究科博士課程修了、博士(社会学)。専門は臨床心理学、ストレス心理学、認知行動療法、スキーマ療法。大学院在籍時より精神科クリニックにてカウンセラーとして勤務。その後、民間企業でのメンタルヘルスの仕事に従事し、2004年より認知行動療法に基づくカウンセリングを提供する専門機関を開設。主な著書に、『事例で学ぶ認知行動療法』(誠信書房)、『自分でできるスキーマ療法ワークブックBook1 & Book2』(星和書店)、『ケアする人も楽になる認知行動療法入門 BOOK 1 & BOOK 2』『ケアする人も楽になるマインドフルネス&スキーマ療法 BOOK1 & BOOK2』(いずれも医学書院)、『イラスト版 子どものストレスマネジメント』(合同出版)、『セルフケアの道具箱』(晶文社)、『コーピングのやさしい教科書』(金剛出版)などがある。

カウンセラーはこんなセルフケアをやってきた

2023年 7月15日　初版
2023年12月 5日　4刷

著者　伊藤絵美
発行者　株式会社晶文社
〒101-0051 東京都千代田区神田神保町1-11
電話 03-3518-4940(代表)・4942(編集)
URL http://www.shobunsha.co.jp

印刷・製本　中央精版印刷株式会社

ISBN978-4-7949-7371-9 Printed in Japan